이집트 문명탐험 ①

나남출판

나남산문선 · 33

이문열
이집트 문명탐험 ①

사진 / 정양균

나남출판

책 머리에

1993년 가을 이집트문명 탐방을 떠날 때 내 구상은 꽤나 거창한 바 있었다. 나는 이집트를 시작으로 최소한 바빌로니아, 인디아 그리고 중국의 고대문명을 돌아볼 생각이었고, 나아가서는 마야 잉카 문명과 여타 거석(巨石) 문화도 찾아볼 심산이었다. 나는 그 탐방을 통해 문명의 여러 측면을 이해함과 아울러 그들을 관통하는 인간의 지향을 알아보고 싶었다.

하지만 구상만 거창했을 뿐 이집트 탐방이 끝난 지 4년이 가깝도록 나는 아직 다음 탐방을 나서지 못하고 있다. 표면적으로는 이집트 다음으로 관심이 있는 바빌로니아문명의 유적지들이 이란·이라크 전쟁으로 상당 부분 지뢰밭이 되어 있다는 것이었지만 그보다는 그 뒤 계속된 나의 대책 없는 분주함 때문이었다. 대학의 교수직을 맡은 일과 턱없이 벌여놓은 뒤 제대로 마무리 못한 몇몇 작품들이 내 발목을 잡아 짧아야 한 달은 걸리는 그 출발을 불가능하게 했다.

 거기다가 첫 탐방의 성과인 〈이집트 문명탐험〉이 연재에서 별 호응을 받지 못한 것도 내 열정에 찬물을 끼얹는 역할을 했다. 내가 주관적인 감상에 앞서 설익은 이집트학 지식을 나열한 것이 원인이 된 듯하지만 연재는 초반부터 자리를 잡지 못해 이리저리 내몰리다가 결국은 여섯 달 만에 중단되고 말았다. 아마도 내가 신문에 한 연재 중에 가장 참담한 꼴로 끝장을 본 연재가 될 것이다.

 이번에 나남출판에서 그 원고들을 책으로 엮으려 할 때에도 나는 그 참담한 기억 때문에 많이 망설였다. 독자의 반응에 가장 민감한 신문이 연재를 중단한 글을 책으로 묶는다는 게 나로서는 영 자신 없는 일이었다.

 그러나 출판사에서 정리해온 원고를 검토하면서 내 생각은 바뀌었다. 먼저, 나는 결코 쓸모 없고 지루하기만 한 기행문을 쓴 것은 아니라는 확신이 섰고, 이어 그런 나를 격려해 이 문명탐방이 열정 속에 끝내도록 기다려주지 못한 신문사가 은근히 원망스러웠다. 요즘 들어 한창 일고 있는 〈고대 이집트 문명전〉 등 이집트학 열기를 보아도 그런 내 원망이 무리는 아닐 것이다.

다만 한 가지 걱정스러운 게 있다면 이 글이 완결되지 못했다는 점이다. 이 글의 원래 구도는 이집트 문명의 총론 격이 되는 델타에서 출발해 아스완으로 내려갔다가 나일을 거슬러 올라와 다시 델타에서 맺는 것이었다. 그런데 지금 이 글은 꼭 그 한가운데가 되는 룩소르 입구에서 끝나 있다.

나는 시간이 걸리더라도 이집트 편을 완결한 뒤에 책을 펴냈으면 했다. 하지만 출판사의 진행이 예상보다 빨라 할 수 없이 상하 두 권으로 나누기로 하고 우선 발표된 부분만으로 책을 엮는다. 남은 부분은 빠른 시일 안에 하권으로 묶기를 약속드린다.

1997년 6월

李文烈

나남산문선 · 33

이문열의
이집트 문명탐험 ①

차 례

· 머리말 / 5

나일 델타
神과 사람이 만든 '대륙의 연꽃' / 13

고왕국의 아침, 멤피스에서
'죽음의 땅'에 세운 '태양의 제국' / 23

멤피스 – 고왕국의 영광과 쇠락
神을 꿈꾸던 람세스 2세의 자취 / 33

사카라
수천 년 우뚝선 '죽음에의 투자' / 45

마이둠으로… 피라미드의 성장을 따라
사막 속에 솟은 일곱 계단 안식처 / 55

피라미드로 남은 영광 —기제에서 ①
케호프왕이 남긴 수천 년 신비 / 69

피라미드로 남은 영광, 기제에서 ②
기우는 왕조… 작아지는 피라미드 / 81

피라미드의 황혼, 아부시르·하와라
古왕국의 끝… 사라진 태양신전 / 95

폐허로 남은 중왕국 파이윰
반역의 역사… 찬탈 또 찬탈 / 107

중왕국의 잔영, 디에르 엘 바흐리·헬리오폴리스
**태양신의 거리서 찾은
'아기 예수 발자국'** / 119

사라진 수도 아바리스
아시아계(系) 힉소스, 델타 '백년통치' / 133

델타에서 아스완으로
테러로 텅빈 신왕국의 고도(古都) / 149

신이 되고 싶었던 사내의 신전 아부심벨 ①
**채색 각화(刻畵)에 새겨진
참혹한 '피의 역사' / 163**

아부심벨 ② 나세르 호수의 달
아내에 바친 람세스 2세 신전 / 175

고대문명의 종장 필래 신전
로마가 못 건드린 왕조문화 / 185

악어신 위한 사원 콤옴보
침략의 흔적 '파라오차림 로마왕' / 197

감동과 압도, 에드푸 신전
웅장한 탑문 - 꽉찬 부조 '절로 감탄' / 209

무상의 길목, 엘캅과 에스나
수천년 뛰어넘는 18왕조 벽화 '생생' / 221

이집트의 영광, 룩소르
왕가의 계곡엔 투탕카멘의 '체취' / 231

'고르고 고른땅' 카르나크
람세스 2세 화려한 석조유산 '황홀' / 243

카르나크 신전 열주
'람세스' 절정 모은 웅장한 건축미 / 251

· 이집트 문명, 그 장구한 역사 · 손주영 / 267
· 이집트 역사연표 / 282

나일 델타

神과 사람이 만든 '대륙의 연꽃'

◀ 카르나크 신전 제2탑문 앞 람세스상 다리 사이에 서 있는 딸 벤탄타상을 배경으로 오늘의 이집트인들이 미소짓고 있다

나일강의 선물인 비옥한 검은 흙이 인상적인 델타의 땅에서
이집트인이 회교예배를 올리고 있다 ▶

헤로도토스 시각

고대 이집트 문명의 해석은 나일 델타의 해석이다. 현재의 이집트 국토를 1백으로 치면 겨우 셋에 해당하는 넓이이고, 우리 땅과 비교하면 호남지방과 비슷한 이 삼각주는 그토록 찬연했던 고대문명의 물적(物的) 기반이었을 뿐만 아니라, 오늘날도 그 국민 대부분을 먹여 살리는 곡창기능을 하고 있다.

널리 알려진 바처럼 헤로도토스는 일찍이 이집트를 가리켜 '나일강의 선물'이라고 했다. 물론 그 말은 고대사회에서 이미 널리 쓰이던 것이라 꼭 그의 견해라 할 수도 없고, 또 그가 가리킨 이집트도 그 문명까지를 포함하는 것 같지는 않다. 하지만 그가 문화를 여유 또는 여가의 산물로 보는 그리스인의 전통에 충실하게 델타 지방의 비옥함과 다산성(多産性)에 착안하여 얼른 이해 안되는 그 문명의 출현을 설명하려 했다고 보아 반드시 틀릴 것도 없다.

헤로도토스의 그와 같은 이해는 그 뒤 오랜 세월에 걸쳐 이집트 문명에 대한 유일하고 완전한 해석처럼 여겨졌다. 그러나 '모세의 적'으로서 기독교세계와 이슬람세계가 공동으로 가졌던 이집트에 대한 관심이 나폴레옹의 야망에 찬 원정을 거쳐 전세계를 들끓게 한 이집트열(熱)로, 그리고 마침내는 이집트학(學)으

로 발전함에 따라 그의 말은 전 같은 믿음을 살 수 없게 되어 갔다.

그 뒤 금세기에 들어 아놀드 토인비는 그의 방대한 저술에서 '도전과 응전'이란 개념을 구사해 이집트 문명을 새롭게 해석했다. 자기 분야의 까마득한 선배 격인 헤로도토스에 거역해 고대 이집트의 성취는 자연의 혜택이 아니라 자연의 도전에 대한 인간의 응전에서 비롯되었다고 주장한 것이었다.

이제 그 델타의 한 모퉁이에 서서 아득한 세월 저쪽을 바라본다. 파라오와 피라미드가 나타나기 전을, '암라'니 '파이윰'이니 '마아디니 델 타사'니 하는 이름으로 불리던 선(先)문화들이 군데군데 돋아나던 시절을. 아니, 그보다 수천 수만 년 전 처음 이집트의 조상들이 무엇 때문인가 그리로 모여들던 시절의 나일 델타를.

먼저 보이는 것은 헤로도토스의 델타다. 사방을 둘러보아도 막힘이 없는 드넓은 평야, 나일의 물로 일년 내내 마르지 않는 수로들, 우리의 계절로는 초겨울인데도 여름이나 다름없이 타는 태양. 그리고 넉넉한 토심(土深)과 아직도 남아 있는 토양의 비옥함. 헤로도토스는 그의 《역사》에서 그 델타가 받은 자연의 혜택을 이렇게 구체적으로 그려 보이고 있다.

실제로 이 지역(델타) 주민은 다른 모든 나라들이나 다른 지역의 이집트인에 비해 확실히 가장 노동력을 적게 들여 농작물을 수확하고 있다. 가래나 괭이로 밭을 일구거나 그 밖에 일반 농민이 수확을 거두기 위해 들이는 품은 일체 들이지 않고 강이 스스로 넘쳐흘러와 그들의 농경지에 물을 댔다 물러가면 각자 씨앗을 뿌리고 돼지를 밭에 넣어 그것을 밟게 한다.

지도를 보면 이집트는 백지에 그려진 한 줄기의 연꽃 같다. 아프리카의 중심부란 진흙에 뿌리를 박고 나일강을 줄기 삼아 피어올라 그 델타에서 한 송이 꽃봉오리로 맺힌다. 어쩌면 이집트 문명은 바로 그 꽃봉오리의 찬연한 개화가 아니었는지. 그리고 지금 우리가 보는 것은 그 옛날의 찬연함 때문에 더욱 처연해진 그 조락(凋落)이 아닐는지.

그러나 조금만 주의 깊게 살피면 토인비의 델타도 보인다. 인간의 손이 못 미친 곳이면 어김없이 몇 길 높이로 돋아나는 갈대들, 그 속에 무엇이 살고 있는지 짐작할 길 없는 늪지대, 한결같이 인간의 땀이 스며 있음을 짐작케 하는 거미줄 같은 수로와 그 둑들. 수로 바닥을 긁어대는 준설선들.

◀ 사막 한가운데를 흐르는 나일강을 따라
야자수와 농경지가 형성된 베니 핫산의 녹색지대

토인비의 주장

토인비의 델타는 거칠고 심술궂다. 이집트인의 조상들이 거주지로 선택하기 전의 그곳은 사자와 표범 같은 맹수들이 배회하는 밀림이 아니면 하마와 악어에다 독사떼와 해충들이 들끓는 소택지였다. 그러나 그들은 그런 델타를 개척해, 음식물 채취자에서 경작자로의 창조적인 전환을 이룩함으로써 뒤이은 문명시대의 물질적 토대를 이루었다.

물론 토인비가 일차적으로 강조하고 있는 자연의 도전은 빙하가 끝난 뒤 아프라시아 대륙에 광범위하게 진행된 기후의 변화였다. 오늘날의 사하라 사막으로 나타난 건조화가 그것으로, 토인비는 거기에 대한 인간의 응전 형태를 이렇게 나누어 풀이하고 있다.

> 기후의 변화라는 도전을 받으면서 거주지도 생활양식도 바꾸지 않은 아프라시아 초원의 수렵 사회나 채취 사회는 응전하지 않은 데 대해 절멸이라는 벌을 받았다. 거주지는 바꾸지 않고 생활양식을 바꿈으로써 수렵자로부터 양치기로 전환한 이들은 아프라시아 스텝의 유목민이 되었다. 생활 양식을 바꾸기보다는 차라리 거주지를 바꾸기로 한 이들 중 북으로 옮겨가는 저기압대를 뒤쫓아감으로써

건조화를 피한 사회는 뜻밖에도 북방의 추위라는 도전을 받았으나 그 도전에 굴복하지 않은 이들간에는 새로운 창조적인 응전이 일어났다. 한편 남쪽의 몬순지대로 후퇴함으로써 건조화를 피한 사회는 열대의 변화없는 기후에서 비롯된 최면적 영향을 받게 되었다. 그런데 마지막으로 거주지와 생활양식을 한꺼번에 바꿈으로써 건조화라는 도전에 응전한 사회가 있었다.

하지만 나일의 밀림과 소택지는 자연의 또 다른 도전이었을 것이고, 거기에 대해서는 토인비도 여러 기록을 인용해 강조하고 있다. 그리고 그 도전이 또 한 번의 응전으로 극복되고서야 위대한 문명으로 이어지게 되는데, 그것은 결국 이집트 문명을 끌어내는 데는 델타의 거칠음과 심술궂음도 한몫을 했다는 해석을 가능하게 한다.

그렇다면 헤로도토스의 델타와 토인비의 델타 어느 쪽이 이집트 문명의 해석에 더 유효한 열쇠일까. 한 가지는 분명하다. 비옥과 다산성만이 문명 발생의 조건일 수 없듯이 자연의 도전에 응전하는 인간정신만이 문명의 발생조건일 수도 없다. 세계에는 나일의 델타보다 더 비옥하고 더 다산하는 땅이 많이 있지만 이집트 문명은 하나뿐이다. 또 건조화보다 더 혹독한 자연의 도전은 세계 도처에서 있었고, 인간들도 나름대로 힘을 다해 응전했지만 고대 이집트 수준의 문명이 어디서나 나타난 것은 아니다.

나일강은 줄기

따라서, 어설픈 절충일지는 몰라도 이집트 문명이 있기 위해서는 두 델타가 다 필요하다는 편이 옳다. 고대 이집트인들이 다진 응전의 결의가 아무리 굳건한 것이었다 하더라도, 풍요와 다산의 가능성이 보이지 않았다면 나일 델타를 그들의 터전으로 삼을 수는 없었을 것이기 때문이다.

지도를 보면 이집트는 백지에 그려진 한 줄기의 연꽃 같다. 아프리카의 중심부란 진흙에 뿌리를 박고 나일강을 줄기 삼아 피어올라 그 델타에서 한 송이 꽃봉오리로 맺힌다. 어쩌면 이집트 문명은 바로 그 꽃봉오리의 찬연한 개화가 아니었는지. 그리고 지금 우리가 보는 것은 그 옛날의 찬연함 때문에 더욱 처연해진 그 조락(凋落)이 아닐는지. 아스완에서 수천 리를 외줄기로 달려오다 델타에 이르러 문득 열두 갈래로 갈라지는 나일강의 한 강둑에서 무심한 세월의 바람소리를 들으며 덧없는 상념에 잠겨본다.

고왕국의 아침, 멤피스에서
'죽음의 땅'에 세운 '태양의 제국'

창조주는 神 '프타'

이집트 고왕국의 출현을 우리는 선사(先史)의 암흑과 무지를 헤치고 홀연히 솟은 태양쯤으로 여긴다. 고대 이집트 문명을 '어버이도 자식도 없는 문명'으로 분류한다거나, 그 해석이 일쑤 신비주의 경향을 띠는 것은 그것이 꼭 상식적인 인상이 아님을 간접적으로 보여준다.

하지만 역사의 축적된 경험과 지식은 한 위대한 문명이 낡은 세계와 완전히 절연된 채 어느 아침 홀연히 솟아나게 하는 마술이나 기적의 존재를 부인한다. 그 점에서는 이집트도 예외가 아니다. 이미 신석기시대인 7천 년 전부터 문화란 이름을 붙일 수 있는 인간의 유적이 델타 지역뿐만 아니라 나일 계곡, 파이윰 오아시스, 그리고 누비아와 수단 지방에서까지 산견되는데, 어떤 것은 뒷날의 찬연한 개화를 가늠하기에 충분한 수준에 이르고 있었다.

고왕국의 문명은 그러한 선문화의 바탕 위에 정치적 통일로 결집되고 고양된 에너지가 더하여 이루어진 드물게 성공적인 문화의 확대재생산으로 보아 크게 틀리지 않을 것이다. 그런데도 우리에게 그 출현이 돌연스럽게 느껴지는 까닭은 그 연결고리가 되는 물적 증거의 산일과 기록의 부재 탓으로 보인다.

아비도스 신전 왕들의 복도에 새겨진 왕 이름 카르투시들

하지만 그와 같은 산일과 부재는 다른 위대한 고대문명에도 공통되는 현상이고, 그 간극을 메우는 방식도 크게 다르지 않다. 이른바 '황금시대'의 신화가 그것으로, 이집트도 그 점에서는 다른 어떤 문명에 못지않게 풍성한 신화를 가지고 있다. 시대와 지역에 따라 신의 이름과 역할이 달라지고, 정리자의 관점에 따라 계보도 곧잘 뒤엉키지만 거칠게나마 그 신화를 정리하면 대강 이러할 것이다. 주로 '튜린 문서'라 불리는 기록에 의지한 것이지만, 이집트의 창조주는 '프타'란 신이다. 프타는 말씀으로 천지

아부심벨 대신전 앞에 세워진 오시리스 신상 ▶

를 창조한 뒤에 다시 도공(陶工)의 녹로에서 진흙으로 인간을 빚어내어 생명을 불어넣은 것으로 되어 있다.

프타에게서 왕관을 이어받은 것은 태양신 라 또는 레이다. 그는 창조된 천지에서 어둠을 몰아내고 다른 생명들을 만들어냈다. 라는 왕권의 상징으로서 여러 가지 이름을 바꾸며 아주 뒷날까지도 이집트의 주신(主神)으로 기능한다.

라를 계승하는 것은 공기의 신 슈로서 하늘과 땅을 분리시켰다고 한다. 그리스인들이 크로노스와 동일시하는 신인데, 땅의 신 겝에게 자리를 물려준다. 겝은 인간의 아버지로서 그리스인들의 제우스에 해당되나 이집트에서는 그리 중요한 위치를 차지하지 못했다. 유명한 오시리스에게 왕좌를 물려주고 슈와 더불어 만신전(萬神殿)의 한구석을 차지한다.

오시리스는 흔히 명계의 신으로만 알려져 있으나 그가 처음부터 죽음의 세계만을 다스리던 신은 아니었다. 원래는 지상의 왕좌를 차지하고 있었는데 동생 세트의 모반으로 죽음을 당하고 시체가 아홉 토막으로 찢기어 이집트 전국에 흩어지는 비운을 당한다. 왕비 이시스가 전국을 돌아 그 아홉 토막을 찾은 뒤 다시 숨을 불어넣어 부활시키자, 오시리스는 명계로 올라가 그곳의 왕이 되고 지상의 왕권은 이시스의 단성생식(單性生殖)에 의해

태어난 아들 호루스에게로 돌아간다.

 호루스에 이어 토트, 마트, 이름이 전하지 않는 또 다른 호루스가 지상을 다스리다가 왕권은 이제 신격이 좀 애매한 아홉 명의 신들에게로 넘어간다. 그들은 대개 신의 이름으로서가 아니라 무슨 도시의 영(靈, Spirits' Akhw)으로만 알려진 존재들로, 왕권이 드디어 신으로부터 인간사회를 창설하고 이끄는 지도자들에게로 이전되었음을 암시한다. 그리스로 치면 이른바 '영웅시대'인데, 어떤 의미에서는 역사의 시작이다.

 우리에게는 그리스식 표기인 메네스로 알려진 이집트 최초의 왕은 아마도 그 영웅시대의 마지막 계승자로서, 마흔 개가 넘는 노모스로 분리되어 있던 고대 이집트 사회를 아울러 최초로 통일 왕국을 건설한 영웅이었던 것으로 보인다. 인간으로 기술되기도 하고, 신으로 기술되기도 하며, 메니라는 이집트 이름 외에 나르메르란 다른 이름의 왕과 동일시되기도 하는 이 인물은 그러나 아직 역사 속으로 완전하게 편입되지는 못하고 있다.

최초 통일왕국 건설

이집트의 역사시대를 분류하는 방법으로 가장 보편적인 것은 기원전 3세기의 세베니토스 신관(神官)이었던 마네토의 왕조 분류에 기초하고 있다. 마네토는 이집트 역사시대를 30왕조로 분류했는데, 그것을 다시 역사적인 사건에 따라 초기왕국, 고왕국, 제1중간기, 중왕국, 제2중간기, 신왕국으로 나누어 살피는 것이 오늘날의 대표적인 시대구분 방식이다.

우리가 찾아가는 곳은 수천 년 세월의 저쪽. 그러나 숲을 이루며 늘어선 대추야자나무, 나귀를 타고 다니는 갈라디아 차림의 사람들, 되새김질하는 낙타, 예배시간이 가까웠음을 알리는 회교 사원의 느직한 독경소리 같은 것들은 비정한 세월의 파괴력에 대한 보이지 않는 방어벽을 느끼게 했다.

마네토도 상하 이집트를 통일한 왕은 메네스왕이라고 기록하고 있다. 그런데 그의 왕조분류 방식으로 기술된 팔레르모석(石)에 있는 제1왕조의 첫째 왕 이름은 아하로 되어 있다. 학자에 따라서는 그 아하를 메니, 메네스, 나르메르와 같은 사람으로 추정하기도 하지만, 대개의 연대표 작성자들은 그들을 별개의 인물로 취급해 아하왕 위에 메네스왕 혹은 나르메르왕을 따로 올린다.

하지만 그들이 동일한 인물이건 아니건 멤피스가 그들의 수도였다는 한 가지 사실만은 일치한다. 그리고 정확하게 역사 속에 편입된 고왕국의 수도로서 멤피스는 역사시대로 들어가는 첫째 관문이 된다.

그 멤피스를 찾기 전에 먼저 지도를 본다. 멤피스는 카이로에

◀ 에스나 신전 외벽에 상이집트(오른쪽)와 하이집트 왕관을 쓴 여신이
파라오에 의해 하나로 통합된 모습으로 조각되어 있다

서 남쪽으로 백 킬로미터 가까이 떨어져 있고, 위치도 고대사회에서는 '죽음의 땅'으로 치는 나일강 서편 언덕이다. 델타에서 멀리 떨어진 만큼 주위에 비옥하고 넓은 들이 있을 리 없고, 방어에 용이한 지형을 갖추지도 못했다. 따라서 그런 멤피스에 수도를 정한 까닭을 알기 위해서는 고대 이집트의 지정학에 유의하지 않으면 안된다.

고대로부터 이집트는 상하로 크게 나누어져 구분되어 왔다. 하이집트는 델타를 중심으로 한 스무 개의 노모스로, 그리고 상이집트는 테베를 중심으로 한 스물두 개의 노모스로 이루어져 있었는데 통일전 그들의 대립은 꽤나 격렬했던 것으로 보인다. 그리고 한때는 하이집트가 상이집트를 지배한 적도 있으나, 통일은 결국 티스를 수도로 삼고 있던 상이집트에 의해 이루어졌다. 이 때문에 학자에 따라서는 초기 왕국시대인 1, 2왕조를 티스시대로 이름 붙이기도 한다.

상하 이집트로 분리

어쨌거나 어렵게 통일을 완수한 왕국으로서는 무엇보다도 그 유지가 중요하지 않을 수 없었다. 그리고 그 목적을 위해서는 멤피스가 수도로 알맞은 곳이었을 것이다. 멤피스는 하이집트의 첫번

째 노모스였지만 지리적으로는 상하이집트의 중앙에 위치한 땅이었다.

그 멤피스를 향해 시원스런 수로를 따라 난 아스팔트길을 달린다. 머리 속에는 역사 속의 온갖 멤피스가 무슨 생생한 기억처럼 떠다닌다. 이집트뿐만 아니라 고대의 국제사회에서도 가장 알려졌던 도시, 이집트에서 가장 중요한 신전이 있고, 초기왕조와 고왕국뿐만 아니라 많은 다른 왕조의 왕들까지도 별궁(別宮)을 유지했던 땅. 그리고 헤로도토스가 말한 '메네스의 제방'에서 그 지역의 고대 지명이 상징하는 '흰 성벽'이며 국제무역선이 드나들던 항구 …. 도로 연변은 이국 정취가 물씬 풍기는 농촌 풍경이 펼쳐지고 있었다. 우리가 찾아가는 곳은 수천 년 세월의 저쪽. 그러나 숲을 이루며 늘어선 대추야자나무, 나귀를 타고 다니는 갈라디아 차림의 사람들, 되새김질하는 낙타, 예배시간이 가까웠음을 알리는 회교 사원의 느직한 독경소리 같은 것들은 비정한 세월의 파괴력에 대한 보이지 않는 방어벽을 느끼게 했다.

멤피스 - 고왕국의 영광과 쇠락

神을 꿈꾸던 람세스 2세의 자취

람세스를 닮고자

멤피스에는 별로 볼 게 없다는 말은 이집트에 거주하는 교포들뿐만 아니라 안내를 맡아준 교민회장 정동호 씨에게서도 여러 번 들었다. 그러나 워낙 웅장하고 화려한 유적을 많이 가진 나라라 상대적인 느낌으로 그러하겠거니 여겼는데 막상 가보니 실망을 넘어 어이가 없을 만큼 기대와 멀었다.

위대한 문명이 터 잡았던 곳은 찬연한 유적이 아니면 쓸쓸한 폐허라도 남기는 법이다. 그러나 우리가 찾은 멤피스에는 그 폐허조차 없었다. 카메라에 더 강렬한 인상으로 잡힌 것은 번성했던 고도의 폐허가 아니라 그 후예들이 겪고 있는 오늘날의 피폐한 삶이었을 것이다.

이집트인 현지 가이드가 고대 멤피스의 유허라고 우리를 데려간 곳은 흔히 볼 수 있는 이집트 농촌 한모퉁이의 작은 공원 같은 곳이었다.

나일강을 따라 띠같이 이어진 경작지의 한끝인 모양으로, 그 마을 서북쪽 모서리로는 리비아 사막의 한 끄트머리가 눈부신 모래 언덕과 함께 머리를 디밀고 있었다.

옛날 프타 신전이 있던 곳을 중심으로 작은 전시관을 짓고 관광지로 개발한 듯한데, 그래도 고대 멤피스의 사취를 느낄 수 있는 유일한 장소라는 게 가이드의 설명이었다.

하지만 전시관을 압도하듯 누워 있는 것은 신왕국 람세스 2세

이집트 고왕국시대 수도였던 멤피스 유적지에
누워있는 람세스 2세의 거상

의 거대한 대리석상이었다. 무릎 이하와 한쪽 팔꿈치가 떨어져 나간 채 늪에 비스듬히 처박혀 있는 것을 그리로 옮겨 보존중인데, 물 속에 잠겨 있던 몸의 왼쪽 부분은 부식이 아주 심했다.

아홉 명의 왕비와 백삼십 명이 넘는 자녀를 두었던 절륜한 정력의 사내, 당시의 오리엔트 세계에서는 이름만 들어도 벌벌 떨던 히타이트의 므와탈리슈왕과 카데시에서 당당히 맞서며 팔레스타인을 경영했고, 서로는 리비아, 남으로는 누비아를 정벌했던 세계 제국의 군주.

패배한 적의 손발뿐만 아니라 성기까지 잘라 와 그 또한 고대 오리엔트 사회에서는 공포의 대상이 되었던 난폭한 정복자. 그리고 무엇보다도 스스로 신이 되고 싶어했던 인간 — 우리는 앞으로도 자주 이 람세스 2세의 흔적들과 마주치게 될 것이다. 그런데 재미있는 것은 그 대리석상의 어깨에 새겨진 카르투시다. 카르투시란 신성문자의 표기법 중에서 왕의 이름을 새길 때 두르는 타원형의 테로, 그 대리석상의 카르투시 안에 새겨진 이름은 난데없이 람세스 3세였다. 늙은 이집트인 가이드 이브라임의 설명에 따르면 람세스 3세가 원래의 글씨를 깎아내고 자신의 이름을 새겨 넣은 것이라고 한다.

나중에 어디선가 다시 만나게 되겠지만 이 람세스 3세의 생애도 흥미롭다. 제20왕조의 두번째 왕인 그는 람세스 2세와는 왕조도 달리하고 혈통으로도 아무런 관련이 없다. 그런데도 람세스란 이름을 쓴 까닭은 아마도 람세스 2세의 삶을 본보기로 삼고자 해서였을 것이다.

그는 실제로 수많은 정복전쟁을 일으켜 잃었던 팔레스타인의 지배권 일부를 회복하고 화려한 신전도 세웠다. 하지만 그야말로 '꺼지기 전에 한 번 빛나는 불꽃'이었다.

그가 벌인 무모한 정복사업으로 그 마지막 한 방울의 여력까 멤피스 유적지에 있는 람세스 2세 어깨에 새겨진 카르투시.
안내인에 따르면 변조의 흔적이 있다고 한다 ▶

지 탕진해 버린 신왕국은 그의 암살과 더불어 길고 긴 몰락의 길을 시작한다. 뒷사람들이 보기에는 쓴웃음이 나는 그 변조도 그와 같은 람세스 3세의 능력이 뒷받침되지 못한 허영을 보여주는 것이나 아닌지.

전시관 안은 그 대리석상 외에는 달리 눈여겨볼 만한 것이 없었다.

구걸소리만 요란

부근에서 출토된 것인 듯한 여러 개의 고만고만한 석상과 도기 같은 것들이 진열되어 있었으나 방치에 가까운 그 진열 상태로 보아 고고학적으로 큰 의미가 있는 유물들 같지는 않았다. 그곳이 고왕국의 수도였음을 알려주는 유적은 오히려 전시관 밖 뜰에 있었다. 전시관 출구에서 몇 발 안되는 곳에 세워진 프타의 신상과 오래된 신성(神聖)문자의 석비가 그러했다. 하지만 그 어느 것도 고대 멤피스의 영광을 떠올리게 할 만한 유적은 못되었다.

그 옛날 신들의 아버지요, 멤피스의 주신(主神)으로 군림했던 프타였으나 그곳에 남아 있는 신상은 작고 초라하기 그지없었으며, 석비 또한 한길이 넘는 높이에 한발은 되는 너비로 그 규모

는 제법이었으나 솔직히 진품 여부가 의심스러웠다. 그 밖에 그 전시관 뜰에 우리의 눈길을 끌 수 있는 것이 있다면, 다시 스스로 신이 되고 싶어했던 람세스 2세의 허영이 남긴 자취 정도일까.

그 자신의 얼굴을 한 알라바스터석(石)의 스핑크스와 등신대의 대리석 입상이 그것들로, 아마도 옛 멤피스에 있었다는 그의 신전터에서 옮겨온 것인 듯했다. 그리고는 — 아무것도 없었다. 전시관 뜰에도 그 밖에 여러 가지 출토품들이 여기저기 놓여 있었으나 어느 것도 고왕국의 영광을 드러낼 만한 것은 아니었다.

어쩌면 오천 년 저쪽의 흔적을 이제 와서 찾으려는 시도 자체가 무리일 수도 있지만, 지구를 반 바퀴나 돌아온 우리들에게는 허망감마저 자아내는 인멸로만 느껴졌다. 그 허망감을 이기지 못해 프타의 신전을 물어보았다. 전시관 뒤쪽의 공터와 그곳에 군데군데 쌓여 있는 석회암 더미가 그 흔적이었다. 고대 이집트의 역사지도에 나오는 아프리스왕의 궁전을 물어보았다. 늙은 이브라임이 발굴이 진행중인 듯한 붉은 모래 언덕을 자신 없게 가리켰다. 22왕조의 무덤군을 물어보자 한 군데 잡초와 종려나무 숲이 우거진 곳을 가리키고, 세토스 1세와 람세스 2세의 사원터를 묻자 역시 종려나무 우거진 마을쪽을 가리키는 식이었다.

"항구라구? 그런 소리는 처음 듣는데. 배가 닿았다면 여기서 4킬로미터쯤 떨어진 나일강의 포구겠지. 하지만 옛날 흔적 같은 건 없어." 국제무역선이 드나들었다는 항구 얘기를 하자 이브라임이 쓴웃음과 함께 한 대답은 그랬다. 위대한 문명이 터 잡았던 곳은 찬연한 유적이 아니면 쓸쓸한 폐허라도 남기는 법이다. 그러나 우리가 찾은 멤피스에는 그 폐허조차 없었다.

군락지(群落地) 발굴 난관

사진기자를 위해 부근을 돌면서 어느 마을 가까운 곳에서 한 군데 작고 오래된 석조 구조물의 흔적을 찾았지만, 그의 카메라에 더 강렬한 인상으로 잡힌 것은 번성했던 고도의 폐허가 아니라 그 후예들이 겪고 있는 오늘날의 피폐한 삶이었을 것이다. 언제 어디서든 손을 내밀 태세가 되어 있는 원주민들의 구걸소리. 박시시, 박시시.

멤피스가 걸어온 길고 긴 쇠망과 소멸의 역사에 눈길을 돌리게 된 것은 공연히 울적해서 돌아오는 차안에서였다. 앞서 말한 대로 신왕국 시절까지 멤피스는 역대의 많은 왕들이 중시하는 도시로 번영을 유지했다.

그러나 그리스인들이 와서 알렉산드리아를 건설하자 경제적인 중심지로서의 의미가 줄어들기 시작했고, 로마인이 오면서부터는 종교적인 중요성까지 잃게 되었다.

　알렉산드리아가 새로운 교역의 중심지로 자리잡아 멤피스를 대신한 데다 로마의 테오도시우스 황제는 기독교를 국교로 삼아 프타를 비롯한 이집트의 신들을 우상으로 만들어버린 까닭이었다. 하지만 상하 이집트의 중심이라는 지정학적인 중요성은 그대로 유지되어 멤피스는 그 뒤로도 몇 백 년 수도로서의 명맥을 유지했다. 그러다가 6세기 중반 모슬렘이 쳐들어옴으로써 그마저도 끝장이 났다.

　아랍 정복자는 멤피스에서 북쪽으로 멀지 않은 나일강 동편 언덕에 '승리의 도시'라는 뜻의 카이로를 건설하고 그곳을 수도로 삼았다. 경제를 따라, 종교를 따라 혹은 정치를 따라 주민들이 흩어져 버리고 난 뒤 멤피스는 한동안 폐허로 남아 있었다. 그러나 돌보지 않는 제방은 무너지고 나일의 범람은 그 폐허를 두터운 토사로 덮어 기름진 농경지로 바꾸어 놓았으며 무심한 사람들은 그 위에 새로운 보금자리를 얽었다.

　금세기 초 몇몇 외국학자들이 발굴을 시도했으나 기술적인 어려움과 폐허를 덮고 있는 마을들 때문에 체계적으로 발굴할 수 있었던 것은 서쪽 신전 지역의 일부에 지나지 않았다.

그리고 다시 방치와 같은 세월이 흘렀는데…. 그게 우리를 그 토록 울적하게 만든 인멸의 대략적인 경과였다.

사카라

수천 년 우뚝선 '죽음에의 투자'

형태는 다섯 가지

일반적으로 고대의 왕국들은 죽음에 지나치게 투자하는 경향이 있다. 삶의 시간은 짧고 죽음 뒤의 시간은 영원하다는 믿음에 따른 것이겠지만, 영혼불멸의 사상 자체가 의심을 받거나 의미를 잃어가는 시대의 눈으로 보면 묘한 아이러니가 느껴지기도 한다.

죽음에 대한 지나친 투자는 이집트의 고왕국에서 가장 극단적 전형을 보여주고 있다. 그 수도였던 멤피스가 그토록 철저한 인멸 속에 사라진 가장 큰 원인 중에는 삶에 대한 투자가 너무 적었다는 것도 들어갈 것이다. 무덤과 신전에는 돌을 쓰지만 이 땅에서의 삶을 위한 공간에는 지극히 인색해 왕의 궁궐조차 햇볕에 말린 진흙 벽돌을 썼기 때문이다. 따라서 삶의 공간은 세월의 비바람에 흔적 없이 사라지고 무덤과 신전만 남게 된다.

피라미드는 고대 이집트인들이 고안해 낸 지금까지 이 세상에 존재한 무덤 중에는 가장 견고한 양식의 무덤이다. 또한 그것은 대개 제례(祭禮)사원이 딸려 있어 고왕국의 영광은 피라미드로 남았다고 해도 지나친 말이 아닐 것이다. 그 피라미드를 순례하기 위해 먼저 사카라로 간다.

사카라는 멤피스 북쪽 사막지대에 있는 길이 6킬로미터, 너비 1.5킬로미터 정도의 분묘 지역으로, 그곳에는 15기의 피라미드가

몰려 있다. 그러나 그곳을 피라미드의
고향이라 부르는 것은 그 수의 많음 때
문이 아니라 오늘날 우리가 피라미드라
고 부르는 무덤의 양식이 거기서 시작
되고 있기 때문이다. 피라미드라고 하면
우리가 얼른 떠올리는 것은 네모뿔의
돌무더기이다. 그러나 기실 그 형태는
피라미드라고 불리는 것만도 세 가지가
있고, 그 원형과 변형을 합치면 넓은 의
미로는 다섯 가지가 된다.

피라미드는 고대 이집트인들이 고안해 낸 지금까지 이 세상에 존재한 무덤 중에는 가장 견고한 양식의 무덤이다. 또한 그것은 대개 제례(祭禮)사원이 딸려 있어 고왕국의 영광은 피라미드로 남았다고 해도 지나친 말이 아닐 것이다.

그 중에서 가장 오래되고 또 흔히 피라미드의 원형으로 추정되는 양식은 마스타바 분묘이다. 아이들이 체육시간에 쓰는 뜀틀 같은 형태로, 피라미드 이전의 무덤은 모두 그런 양식이다. 그러나 이 양식을 피라미드와 분리해 생각하는 사람들도 있다.

피라미드라고 불리기 시작하는 첫번째 양식은 계단식 피라미드이다. 마스타바를 차례로 포개 놓은 것 같은 양식인데, 초기 피라미드는 대개 이 계단식이다. 그 다음은 계단식 피라미드의 계단을 돌로 채워 완전한 네모뿔로 된 피라미드로, 피라미드의 대표적인 양식이다.

사카라에 있는 조세르 왕의 계단식 피라미드

조세르가 첫 조성

그 밖에 구부러진 피라미드라 하여 네모뿔이긴 하나 윗부분에서 경사가 조금 완만해져 휘어진 형태가 있다. 스노푸르왕의 피라미드가 그 예다. 그리고 마지막으로 봉분과는 무관한 대리석관형의 분묘가 있는데, 이것은 엄밀한 의미로는 피라미드가 아니다.

그런데 사카라에는 그 모든 양식의 피라미드가 다 갖춰져 있다. 피라미드의 출생과 성장과 노쇠를 한꺼번에 볼 수 있는 곳이다. 그러나 우리가 사카라를 먼저 찾은 이유는 그 중에서도 출생과 성장 쪽을 보고 싶어서였다. 피라미드의 성년은 기자에서 더 화려하게 피어나고, 그 노년은 하와라에서 더 잘 볼 수 있기 때문이다.

사카라의 피라미드 중에서 가장 중요하고 눈에 띄는 것은 아무래도 조세르왕의 계단식 피라미드일 것이다. 조세르왕은 종교적 이름으로는 네티에리크헤트라고도 하는데 제3 왕조의 창시자로 되어 있다. 그러나 어떤 기록에는 제3 왕조의 실질적인 창시자를 네브카왕으로 적고 있어, 조세르는 그의 형제거나 아들로 보는 사람도 있다.

말할 것도 없이 조세르가 이름을 얻은 것은 자신의 피라미드 때문이다. 그는 임호텝이란 사람을 시켜 사카라에 거대한 계단식 피라미드를 세웠는데, 그게 바로 이집트 최초의 피라미드가 되었다. 또 그는 이집트 최초로 석조건축 기술을 고안한 사람으로도 알려져 있다. 그러나 그 이상 그에 관해 알려진 것은 많지 않다.

오히려 기록이나 전설이 더 풍성하고 흥미있는 쪽은 왕인 조세르보다 그 신하인 임호텝 쪽이다. 임호텝은 헬리오폴리스의 고위 승려였고 으뜸가는 건축가였는데 학문 쪽에도 조예가 깊었던 것으로 보인다. 그는 왕이 아닌 사람 중에서는 유일하게 신격화되었는데, 그에 관한 전설과 신화는 만능인으로서의 그를 잘 보여주고 있다.

전설에 따르면 임호텝은 멤피스의 주신인 프타의 아들로 되어 있다. 그리고 신으로서는 건축의 신일 뿐만 아니라 서기들의 수호신에서 지혜의 신으로까지 승격된다. 그러다가 그리스인들이 온 뒤로는 의술의 신이 되어 필래의 신전에는 그에게 바쳐진 제단까지 남아 있다.

그 임호텝이 설계했다는 조세르왕의 피라미드를 먼저 찾아본다. 비교적 온전하게 남아 있는 남동쪽 성벽 쪽에 난 문을 통해 안으로 들어가니 거대한 석회암 기둥들이 줄지어 늘어서 있다. 그 낭하를 벗어나자 곧 피라미드앞 광장이 나오고 북쪽으로 조세르왕의 피라미드가 위용을 드러냈다.

들은 대로 조세르왕의 피라미드는 여섯 개의 크기가 다른 마스타바를 큰 것부터 차례로 포개어 놓은 형태였다. 재료는 반듯하게 자른 석회암. 멀리서 보면 벽돌을 쌓아 놓은 것 같지만 돌 하나하나의 크기는 작은 것도 가로 세로가 두자는 넘어 보였다. 특히 기단부는 몇 미터가 되는 것도 있어 가까이에서 보면 우리의 옛날 성벽을 바라볼 때와는 비교도 안 될 만큼 위압적이었다.

그 피라미드의 높이는 60미터 남짓, 바닥은 마스타바에서 출발

사카라 무덤군 중 메레무카 묘에 새겨진 뿔난 소와 나일강 물고기들

한 피라미드답게 정사각형이 아니라 가로 140미터, 세로 118미터의 직사각형으로 되어 있다. 높이 60미터라면 인간이 만든 구조물로서는 그리 놀랄 만한 것도 아니고, 외벽의 풍화 상태는 허물어지다 남은 것 같은 인상을 주어 얼른 보아서는 대단할 게 없다. 하지만 최소한 4천 5백 년이란 세월을 그 위에 얹어보면 그 피라미드는 웅장함과 찬연함으로 되살아난다.

석벽 쌓아서 보호

감탄을 잠시 눌러두고 피라미드 주위를 살펴본다. 피라미드와 함께 지었던 제례신전도 복원사업의 도움을 받아서겠지만 예전의 위용을 짐작케 했다. 피라미드 남쪽에 남아 있는 석벽에는 천년 뒤 18왕조의 아모스왕이 그곳을 둘러본 뒤 남긴 구절이 새겨져 있다.

예프타의 아들 아모스, 조세르왕의 신전을 보러 오다. 그는 그 안에 하늘이 있고 '라' 신께서 거기서 떠오르심을 알았다.

피라미드의 내부는 공개되지 않고 있었다. 들어가봤자 미이라가 들어서 있던 석관뿐 중요한 것은 모두 외국으로 실려 나가거나 카이로 박물관에 있다는 말을 위로로 삼으며 피라미드의 외부를 돌아본다. 특이한 것은 피라미드 뒤쪽에 있는 조세르왕의 석상이었다. 그도 세월의 비바람을 생각한 듯 사방을 석벽으로 막아 두었는데, 그래도 채광창을 두고 한쪽으로는 들여다볼 수 있는 구멍을 뚫어 밖에서 자신의 모습을 볼 수 있도록 해두었다. 석벽 구멍으로 들여다보니 머리 위로 으스름한 빛을 받으면서 아무런 손상 없는 왕의 석상이 서 있었다.

왕의 석상을 들여다보고 물러나는데 한떼의 일본인 관광객들이 몰려 왔다. 수학여행이라도 왔는지 대부분이 스물 안쪽으로 보이는 남녀였는데 그 중에 선글라스를 목에 건 여드름투성이

하나가 그 구멍을 들여다보다가 눈을 떼면서 희한한 것을 보았다는 듯 혀를 쑥 내밀었다. 세월의 비바람까지 염두에 둔 조세르 왕의 원려(遠慮)도 그런 불경(不敬)에는 속수무책일 것을 생각하니 절로 쓴웃음이 났다.

마이둠으로… 피라미드의 성장을 따라
사막 속에 솟은 일곱 계단 안식처

사카라에 있는 세켐크헤트 왕의 현실.
검은 현무암 석관과 지붕에 특유의 별들이 그려져 있다 ▶

미완성도 많아

고왕국 제3 왕조의 조세르왕으로부터 시작되는 사카라의 피라미드는 중왕국에 속하는 13 왕조의 크헨제르왕에 이르기까지 왕의 피라미드만도 열다섯 기가 된다. 서너 기를 제외하고는 모두 무덤의 임자가 밝혀져 있는데, 7왕조와 13~12왕조만 빼고는 각 왕조의 피라미드가 다 있다.

좀 장황스럽지만 그들의 이름을 열거해 보면 대강 다음과 같다. 제4 왕조의 마지막 왕 셰프세스캅, 5왕조의 창시자인 우제르캅, 이제지, 그리고 마지막 왕인 웨니스, 6왕조의 창시자 테티, 8왕조의 왕 이바, 9왕조의 메리카레, 13 왕조의 크헨제르가 그들이다.

하지만 피라미드의 외형을 유지하고 있는 것은 조세르왕의 것 외에는 웨니스와 테티 1세의 것을 비롯한 대여섯 기에 지나지 않는다. 어떤 것은 무너져 내려 모래더미에 묻혀 버리기도 하고, 어떤 것은 애초부터 미완성이어서 피라미드라기보다는 지하 석굴무덤에 가까운 것도 있다.

그 중에서 개방되고 있는 피라미드의 석실 내부를 하나 찾아가 본다. 역사지도로는 세켐크헤트왕의 미완성 피라미드 석실 같은데, 안내인은 이름 모를 왕자의 것이라고 우기는 지하 무덤

이다.

  그 석실의 입구는 작은 초소 같은 형태로 지상에 나와 있었으나, 안으로 들어가니 통로는 땅 표면에서 수직으로 나 있었다. 석회암 층에 판 수직 터널로 입구부터 바닥까지 가로 세로 2m에 못 미치는 넓이의 통로였다. 그 통로에 나선형의 계단을 설치해 바닥으로 내려갈 수 있게 해두었는데, 좁은 공간과 후덥지근한 공기 탓인지 20여 미터라는 그 깊이가 십층 건물의 계단을 걸어 내려가는 것만큼이나 힘들게 느껴졌다.

  바닥에 내려서서 내부를 살펴보니 왜 역사지도와 안내인의 설명이 달랐는지 짐작이 갔다. 입구 바닥에서 멀지 않은 곳에 수직으로 파 들어간 작은 현실(玄室)이 있는데 그게 바로 왕자의 미이라가 있던 곳인 모양이었다. 현실은 거기서부터 오른쪽으로 10미터 가량 떨어진 곳에 있는데, 짐작으로는 거기 세켐크헤트왕의 미이라가 안치되어 있던 것 같았다.

  현실의 넓이는 대략 여섯 평 정도로, 나중에 들어가 본 여러 피라미드의 현실로 종합해 볼 때 그게 아마도 한 표준형인 듯했다. 궁륭 형태의 천정과 네 벽은 회를 발라 그 위에 채색된 그림과 글씨를 썼던 듯한데 원래의 것은 희미하게 자취만 남아 있고, 뚜렷한 것은 모두 근래에 들어 복원한 것이라고 한다.

천장의 그림 역시 그 뒤로 되풀이 보게 될 현실과 사원 천장 그림의 전형이었다. 공기의 신 슈가 하늘을 떠받들고 있는 사이로 이집트인 특유의 별이 채워져 있었다. 이집트인의 별은 흔히 보는 오각형이긴 하나 가지가 가늘어 별이라기보다는 확대한 눈송이 같은 형태였다. 네 벽에 그려진 그림과 신성문자도 내용은 조금씩 달리하겠지만 피라미드뿐만 아니라 '왕들의 골짜기'에 있는 동굴무덤에서까지 되풀이되는 양식이었다.

마이듐도 사카라와 마찬가지로 일종의 공동묘지 지역 같은 곳으로, 피라미드는 후니 왕의 것밖에 없었지만 마스타바 분묘는 주위에 수없이 흩어져 있었다. 사카라에 주로 3왕조 이전의 것이 많았다면, 마이듐에는 4왕조의 것이 많다는 게 두 곳의 차이점일까.

다양한 벽화 소재

지하 현실을 나온 뒤에 제6 왕조의 대신이었던 메레무카의 마스타바 분묘를 들렀다. 이미 말한 뜀틀 형태의 무덤으로 땅 위에 세워져서인지 공간이 훨씬 넓어 벽화들은 이제 죽음과 신화의 시간뿐만 아니라 땅 위에서 삶도 세밀하게 표현하고 있었다.

나일강이라고도 하고 홍해라는 주장도 있는 물과 물고기들, 그리고 거기서의 고기잡이. 사냥과 목축 및 도살, 경작과 추수, 봉납

◀ 사카라에 있는 메레무카 묘에 그려진 농작물을 수확하는 농부들.

과 축원은 마스타바 벽화의 중요한 소재로서 몇 천 년 뒤의 동굴 무덤 벽화에도 그대로 답습된다. 왕들의 무덤에서 덧붙여지는 것이 있다면 전투의 승리와 포로 및 전리품에 관한 그림 정도일까. 그리고 죽음의 세계… . 일반적으로 후대부터 대중에게 숭배되었다고 주장되는 오시리스는 이미 마스타바 시절부터 중요한 자리를 차지하고 있었다.

고고학적인 측면에서 사카라를 본다면 몇 달을 뒤져도 시간이 모자랄 것이다. 그러나 역사 속의 한 나그네로 거칠게 더듬고 스쳐 가는 피라미드의 고향으로서는 하루가 길 정도로 단조롭고 반복적인 인상을 주었다. 그래서 남은 사카라의 피라미드와 마스타바 분묘를 뒤로 하고 마이둠으로 향한다.

마이둠은 사카라에서 남쪽으로 한 시간쯤 차로 달리다가 파이윰 오아시스로 가는 길로 접어들면 오래잖아 사막 가운데 불쑥 솟은 피라미드로 자신의 존재를 알린다. 얼핏 보기에는 계단식 피라미드처럼 보이지만 실은 우리가 보통 피라미드라고 하는 네모뿔 형태의 정식 피라미드와 계단식 피라미드의 중간형태이다.

그 피라미드를 만들기 시작하고 또 그 안에 미이라로 누운 왕은 3왕조의 마지막 왕인 후니로 알려져 있다. 그러나 그 피라미드를 완성한 것은 4왕조의 창시자이자 후니의 서자라고 알려진 스노푸르왕이라고 추정된다.

지금은 허물어져 계단식 같지만 마이둠의 피라미드 원형을 복원시키면 완전한 네모뿔의 정식 피라미드가 된다. 곧 계단식 피라미드의 골조에 돌 부스러기와 토사를 채워 네모뿔을 만든 것인데 그 변형은 후니왕 때부터 예정되어 있었던 것인지 아니면 완성 과정에서 4왕조의 양식이 첨가된 것인지는 확실치 않다.

학자들의 연구에 따르면 그 피라미드는 처음 일곱 개의 계단으로 만들어진 계단식이었다고 한다. 그러나 나중에 여덟 개의 계단으로 변경되고, 또 계단과 계단 사이도 채워지게 되었다는 것으로 보아 스노푸르왕 때 변형된 것으로 보는 게 옳을 것이다.

스노푸르왕은 저 유명한 기자의 대피라미드를 만든 케호프왕의 아버지이다. 그리고 그 자신도 '휘어진 피라미드'라고 하는, 이집트에서는 하나뿐인 과도기적 형태의 피라미드 안에 눕게 된 걸로 보아 4왕조에 들면서 피라미드는 계단식에서 네모뿔 형태로 추구되었음을 알려준다. 그 형태의 완성이 그의 아들 케호프에게서 이루어진 것이다.

마이둠의 피라미드가 오늘날과 같이 벌거벗은 탑 모습을 하게 된 것은 네번째 계단의 버팀벽이 허약해 무너지면서 겉을 싸고 있던 돌 부스러기와 토사가 흘러내린 까닭이라고 한다. 그 약점

◀ 이집트 고왕국 3왕조 스노푸르왕 때 건축된 마이둠 피라미드

을 보완한 것이 다시르에 있는 스노푸르왕의 휘어진 피라미드가 될 것이다. 그 피라미드는 토사의 압력을 줄이기 위해 높이를 조금 희생한 대신 네모뿔 윗부분의 경사를 완만하게 했다.

주위에 분묘 많아

피라미드의 삼분의 일 정도 높이에 있는 입구를 통해 후니왕의 관이 있던 곳으로 들어가 보았다. 30도가 넘게 아래로 경사진 석굴 통로를 따라 60미터쯤 내려가자 지하가 되는 바닥에 닿았다. 현실은 거기서 다시 나무계단으로 10미터 가까이 올라간 피라미드 안에 있었다. 부장품은 벌써 옛날에 도굴당하고, 벽화나 특별한 장식의 흔적도 거의 남아 있지 않았다. 신비한 고대 무덤 안에 들어와 있다는 감동보다는 음산하고 불길한 자연동굴에 들어와 있는 듯한 느낌이 들어 오래 머물고 싶지가 않았다.

마이둠도 사카라와 마찬가지로 일종의 공동묘지 지역 같은 곳으로, 피라미드는 후니왕의 것밖에 없었지만 마스타바 분묘는 주위에 수없이 흩어져 있었다. 사카라에 주로 3왕조 이전의 것이 많았다면, 마이둠에는 4왕조의 것이 많다는 게 두 곳의 차이점일까.

마이둠의 마스타바 가운데 꼭 짚고 넘어가야 할 것은 스노푸

르왕의 아들이요, 헬리오폴리스의 고위직 승려였던 레호트페의 벽돌 마스타바다. 그곳에서는 여러 부장품과 함께 석회석으로 된 레호트페와 그의 아내 네페르타리의 실물대 석상이 나와 유명하다.

  카이로 박물관에 옮겨져 있는 그들 부부의 석상은 4천 년이 넘는 세월에도 불구하고 원래의 채색이 놀랄 만큼 잘 보존돼 보는 이를 감동시킨다. 그러나 그들 원래의 안식처인 마이듐의 마스타바는 보수를 핑계로 일반 관광객들에게는 공개되지 않고 있었다.

피라미드로 남은 영광 — 기제에서 ①
케호프왕이 남긴 수천 년 신비

◀ 기제에 있는 대략 2.5톤 무게의 석회암
250만개로 축조된 케호프왕의 피라미드

고백하자면 현실에서의 여정은 마이듐에서 하와라, 파이윰으로 이어졌다. 그러나 피라미드의 성장과 쇠퇴를 더듬기 위한 역사의 여정을 따르자면 다음은 기제가 되어야 한다. 거칠게 말해 사카라에서 태어나고 마이듐에서 성장한 피라미드는 이제 기제에서 그 절정기를 맞게 된다.

높이 146미터

기제는 카이로에서 보면 서남쪽이 되고 사카라에서 보면 서북쪽이 되는 리비아 사막 가장자리의 무덤 지역으로, 제4 왕조 케호프왕의 대피라미드가 있어 특히 유명하다. 특별한 교통체증이 없으면 카이로 중심가에서 30분 정도의 거리.

피라미드의 대명사처럼 여겨져 전세계에 가장 널리 알려진 케호프왕의 피라미드는 높이 146.6미터에 바닥이 가로 세로 230미터의 네모뿔 형태이다. 대략 2.5톤 무게의 석회암 250만 개로 축조되어 있다는데 그와 같은 수치로는 크기나 높이가 얼른 가늠되지 않을 것이다. 참고로 다른 유명한 건축물들과 비교하면, 로마에 있는 성 베드로 사원보다 8미터 가량 높고 타지마할보다 51미터가 높아 근대 이전의 사람에 의해 쌓아 올려진 구조물 중에는 아마도 가장 높은 것이 될 것이다.

피라미드란 명칭은 일반적으로 기제의 피라미드들에서 유래되었다고 하며, 그 어원은 그리스의 과자이름에서 나왔다는 말이 있다. 곧 고대 그리스에는 피라미드와 같은 형태의 과자가 있어 그걸 피라미드라 불렀다고 하는데, 그리스 여행가들이 처음 피라미드를 보고 자기들의 과자와 비슷한 모양이라는 데서 그 이름을 따왔다고 한다.

아마도 통속화된 이집트학 덕분이겠지만 우리나라 사람들의 이집트 역사에 대한 지식은 이상하게 편중되어 있다. 역사학자들에게도 분명치 않은 고왕국에 대해서는 상식 수준을 넘는 지식이 있는 반면, 정작 뼈대가 되거나 역사 속에 편입된 부분에 대해서는 거의 모르고 있는데, 그 대표적인 예가 피라미드에 관한 것이 될 것이다. 그보다 2천 년 뒤의 투트모스 시대나 람세스 시대는 잘 알지 못하면서도 피라미드, 특히 케호프왕의 피라미드에 대해서는 불국사나 석굴암보다 더 많이 안다.

그리스식으로 쿠푸로 불리기도 하는 케호프왕은 그의 무덤이

기제는 제4왕조 케호프왕의 대피라미드가 있어 특히 유명하다. 피라미드의 대명사처럼 여겨져 전세계에 가장 널리 알려진 케호프왕의 피라미드는 높이 146.6미터에 바닥이 가로 세로 230미터의 네모뿔 형태이다. 대략 2.5톤 무게의 석회암 250만 개로 축조되어 있다는데 그와 같은 수치로는 크기나 높이가 얼른 가늠되지 않을 것이다.

◀ 낙타의 긴 울음 뒤로 왕비들의 작은 무덤과 멘카우레, 케프렌,
케호프 왕의 피라미드가 차례로 서 있는 기제의 피라미드군

가지는 세계적인 지명도에 비해 생애에 대해서는 알려진 게 그리 많지 않다. 제4 왕조의 창시자이며 고왕국 최초로 시나이 반도를 경영한 스노푸르왕의 아들이라는 것과, 제1 폭포 이남까지 진출했으리라는 추정을 빼면 재위 기간이 23년인지 63년인지 조차가 확실하지 않은 인물이다.

통로 양쪽에 홈

그의 생전을 드러내주는 유물도 죽음 뒤의 쉴 곳인 피라미드의 거대함에 비해서는 너무도 초라하다. 그의 상이라고는 길이 9센티미터 가량의 상아조각상이 유일한데, 그것조차도 쓰고 있는 왕관은 하이집트만을 상징하는 것이다. 하나 더 있다면 그도 조세르나 스노푸르처럼 훌륭한 건축가 재상을 두고 있었다는 정도인데 그 재상의 이름은 헤민누로 전해진다.

 기제의 피라미드 언덕에는 크고 작은 아홉 기의 피라미드가 서 있다. 우뚝하게 솟은 3기는 왕들의 것이고, 큰 피라미드 앞에 3기씩 나란히 줄지어 있는 작은 피라미드들은 왕비들의 것이다. 케호프왕의 대피라미드는 그 중에서 가장 북쪽에 있는데 눈가늠으로도 그곳의 피라미드 중에서 가장 크다는 걸 쉽게 알 수 있다.
 그 피라미드의 외형은 사진으로 수없이 보아 고향 언덕처럼

눈에 익었으나, 온갖 신비주의적인 해석으로 채색된 그 내부는 아직도 찾는 이의 가슴을 두근거리게 했다. 조세르왕의 계단식 피라미드와는 비교도 안될 만큼 크게 자른 석회암 덩이들에 의지해 돌계단을 따라 입구를 찾아 올라간다.

현재 쓰이는 입구는 정식의 입구가 아니라 도굴범들에 의해 뚫려진 것이라 하는데 남쪽으로 5분의 1 높이쯤 되는 곳에 나 있다. 원래의 입구는 거기서 왼쪽으로 10여 미터를 더 올라가 나 있으며, 흔히 '왕비의 방'이라 불리는 또 다른 현실에 이르게 되어 있다고 한다.

정식의 입구가 아니어서인지 들어서서 한동안 자연동굴 같은 통로로 내려가다 보면 드디어 잘 깎인 돌벽의 정식 통로가 나타난다. 첫째 통로는 높이와 넓이가 각각 1.2미터 가량이라 머리를 수그리고 오르내려야 하는데, 경사까지 심해 다 오르기도 전에 이마에 땀이 솟는다. 그러나 거대한 돌무더기 속에 그런 길이 나 있다는 게 감탄스러울 뿐이었다.

통로 양쪽에 용도를 알 수 없는 홈들이 일정한 간격으로 깊게 파여 있어 물어보았더니 버팀목이나 버팀돌을 끼우기 위한 것이었다고 한다. 피라미드가 완공된 뒤 아래쪽 통로를 막아버리기 위한 바위들을 거기에 쌓아 두었던 모양인데 버팀돌이나 버팀목

◀ 엄청난 규모와 정교함을 보여주는 케호프 왕의 방으로 오르는 계단

은 그것들이 필요할 때까지는 아래로 흘러내리지 않도록 하는 데 쓰였던 듯하다. 몇 미터를 더 나아가자 드디어 '왕의 방'이라고 불리는 현실이 나타났다.

현실의 넓이는 사카라에서 들어가 보았던 것과 비슷했다. 그러나 연대가 그곳보다 빨라서인지 천장의 벽화는 보이지 않고 자연석 벽면 그대로였는데 몇 군데 금이 가 있어 어쩔 수 없는 세월의 무게를 말해주었다. 방 한쪽으로 모퉁이가 깨어진 석관이 놓여 있었다. 고왕국 석관에 공통된 현상으로 거기도 미이라는 발굴 당시부터 없었다고 한다.

공기흐름 감지

그곳에 미이라가 없는 데 대한 해석은 구구하다. 원래 지하에 있는 현실에 왕의 미이라를 두어 그곳의 석관은 애초부터 비어 있었다는 말도 있고, 도굴범에 의해 훼손되거나 도난당했으리라는 추측도 있다. 또 신비적인 해석으로는 어떤 초자연적인 힘에 의해 사라졌다는 것과 피라미드 자체가 외계인에 의해 만들어진 것이라 그 세계도 외계로 옮겨졌다는 것까지 있는데, 적어도 그 방안에서는 어느 편이 옳다고 누구도 단언할 수 없을 것이다. 논리를 뛰어넘는 외경심이 신비적인 해석까지 거부하기 어렵게 만

드는 까닭이었다.

그 방 양쪽 벽에 나 있는 두 개의 네모난 구멍도 여러 가지로 사람의 신비감을 자극했다. 일반적인 주장은 환기통이라고도 하는데 그 구멍에다 라이터 불을 켜서 대니 정말로 불꽃이 바깥으로 빨려나갔다. 설령 처음에는 돌로만 쌓았더라도 수천 년 세월이 지나는 동안 돌 부스러기와 흙먼지로 완전히 밀폐되었을 듯한 피라미드 중심부의 공간에서 그와 같은 공기의 흐름이 있다는 것은 그 자체만으로도 충분히 신비스런 현상이 아닐 수 없었다.

하지만 다른 주장으로는 그 구멍이 단순한 환기통이 아니라 영혼들의 통로라는 것도 있다. 실제로 어떤 독일학자가 구부러진 구멍 안쪽으로 내시경의 원리를 응용한 카메라를 들이밀었더니 몇 미터인가 저쪽에 다른 석실이 확인되었다고 한다. 그러나 그 석실 내부의 상황을 확인할 길이 없어 지금은 보다 성능이 좋은 카메라를 제작중에 있다는데, 만약 그렇게 해서 확인된 그 석실이 또 다른 현실이라면 영혼의 통로라는 주장이 더 그럴 듯해 보인다.

피라미드로 남은 영광, 기제에서 ②

기우는 왕조… 작아지는 피라미드

영구 옮기는 의식용

케호프왕의 대피라미드와 관련해 하나 더 얘기할 것은 피라미드 남쪽 지하에서 발굴된 나무배다. 삼나무로 만들어진 길이 40미터 가량에 배수량 40톤 가량의 꽤 큰 나무배로, 지금은 재조립되어 지상의 건물에 전시되어 있다. 사막의 건조함 덕분이겠지만 땅속에서 4천 년을 버틴 나무배가 거의 원형 그대로 모습을 유지하고 있는 걸 보면 절로 경이가 느껴진다.

고고학자들은 그 배를 왕의 영구를 옮긴 의식용으로 보고 있는데, 그 위의 무덤 벽화에 반드시 등장하는 '영혼의 배'와 형태가 비슷하다. 1950년대에 발굴되었는데, 듣기로는 학문적인 추론에서가 아니라 한 고고학자의 직감에 따라 이루어진 발굴이라 한다.

배의 크기나 구조로 보아 의식용에 쓰기 위해 육로로 운반된 것이기보다는 실제 항해에 쓰였을 것으로 추측되는데, 문제는 사막 가운데 어떤 물길을 따라 거기까지 올 수 있었던가 하는 점이다. 만약 지금의 나일강에서 운하를 파 거기까지 이었다면 그 공사 또한 피라미드 축조에 못지않은 역사였을 것이다. 그러나 그 운하 얘기가 별로 없는 걸로 미루어 고대에는 나일강의 물줄기가 오늘날보다 기제에 훨씬 더 가깝게 흘렀거나 범람을 이용했

는지도 모른다.

대피라미드의 축조가 얼마나 비용이 많이 든 것이었는가에 대해서는 헤로도토스의 기록이 참고가 될 것이다. 그는 《역사》에서 이런 구절을 남기고 있다.

> … 그러나 케호프의 악업은 멈출 줄 몰랐다. 그리하여 마침내는 자신의 딸까지 창가에 보내 얼마간의 돈을 벌어 바칠 것을 명했다고 한다. 딸은 아버지가 명한 액수의 돈을 벌어 바쳤는데, 그때 그녀는 자신을 위해서도 무엇인가 기념이 될 만한 것을 후세에 남기고자 자신을 찾아오는 손님들에게 자기 자신을 위해 공사용 돌을 한 개씩 기증해 달라고 했다. 사제들의 이야기에 따르면 대피라미드 앞에 있는 세 개의 피라미드 중 가운데의 것은 그런 돌들로 만들어진 것이라 한다.

수천 년의 세월이 흐른 뒤 둘러보는 역사 속의 나그네에게는 피라미드가 순전히 착취와 억압 위에서 이룩되었으리라고는 보지 않는다. 영생하는 파라오와의 동일시(同一視) 또는 흔들림 없는 종교적 신념이 어쩌면 역사 그 자체보다 오래 버텨 세월을 굽어볼 이 위대한 건설에 고대 이집트인들을 동참하게 한 것은 아닌지.

어딘가 이집트 문명을 시기하고 있는 듯한 그리스인의 관점에다 사제들에게 들은 이야기로만 되어 있어 근거는 없지만 피라미드

◀ 아비도스 신전 내벽에 그려진 오시리스 신의 배

건설이 고왕국에 큰 부담을 준 것만은 사실인 듯하다.

그러나 수천 년의 세월이 흐른 뒤 둘러보는 역사 속의 나그네에게는 피라미드가 순전히 착취와 억압 위에서 이룩되었으리라고는 보지 않는다. 영생하는 파라오와의 동일시(同一視) 또는 흔들림 없는 종교적 신념이 어쩌면 역사 그 자체보다 오래 버텨 세월을 굽어볼 이 위대한 건설에 고대 이집트인들을 동참하게 한 것은 아닌지.

케호프왕의 피라미드를 떠나 그의 아들인 케프렌 왕의 피라미드로 간다. 케프렌왕은 이집트 고왕국의 어지러운 왕위 상속을 보여주는 전형 같은 사람이다. 원래 케호프왕에게는 카왑이라는 태자가 있었으나 일찍 죽어 왕위는 드제드프르 혹은 라드제대프라는 왕자에게 계승된다.

형수를 왕비로 삼아

그러다가 다시 왕위는 드제드프르의 배다른 형제인 케프렌에게 계승되는데 이때 케프렌의 왕비는 일찍 죽은 태자의 아내이며 형수이자 자신의 배다른 누이동생인 헤테페레레스 2세이다. 그 경위는 알려져 있지 않지만 아마도 케프렌은 여자와 결혼해 그녀가 가진 왕위 계승권의 지분을 합친 뒤에야 배다른 형으로부터 왕위를 계승할 수 있었던 것으로 보인다.

 케프렌의 피라미드는 상당한 규모임에도 불구하고 그 아버지의 대피라미드에 눌려 빛을 잃은 느낌이다. 그러나 그의 피라미드는 계곡사원 또는 하곡사원(河谷寺院)의 존재와 그 하곡사원을 지키는 스핑크스로 인해 아버지에 못지않은 지명도를 누리고 있다.

 마스타바에서 계단식 피라미드로, 그리고 계단식에서 네모뿔의 대피라미드로 자라간 피라미드는 이제 하곡사원을 갖춤으로써 절정기의 한 전형을 보여준다. 케프렌 이후 하곡사원은 피라미드가 반드시 갖춰야 할 규격이 되어 후세의 여러 왕들에게 답습된다.

 지금 남아 있는 하곡사원의 재실은 당시 무르익을 대로 무르익은 이집트인의 석조기술을 잘 보여주고 있다. 룩소르에서 날라온 화강암을 깎아 맞추었는데, 큰 것은 몇 톤에 이르렀고 작은 것도 1톤 크기는 되어 보였다. 그것도 그냥 네모 반듯하게 잘라 쌓은 것이 아니라 목공들이 나무를 잇는 기법으로 서로 꽉 물리게 해두어 어떤 석벽은 여러 차례의 지진에도 불구하고 뒤틀어진 곳 한 군데 보이지 않았다. 또 석회암은 그 표면을 최대한 매끄럽게 깎아 포갬으로써 세월이 지나면 풍화에 의해 절로 한덩

고대 이집트의 견고한 건축미가 살아있는
케프렌 왕의 하곡사원 기둥과 벽

이가 되게 만들었다고 한다.

그러나 그보다 더 재미난 전설과 신비를 간직한 것은 하곡사원의 수호신 격으로 세운 스핑크스가 될 것이다. 스핑크스는 사자의 몸에 사람의 얼굴을 하고 있는데, 케프렌의 하곡사원에 있는 스핑크스의 얼굴은 케프렌왕의 것이라 한다. 그 스핑크스의 발 사이에 있는 석면에는 신왕국의 투트모시스 4세가 바친 명문이 새겨져 있는데 그 내용이 되는 전설이 자못 신비롭다.

투트모시스 4세가 아직 왕자였던 시절, 하루는 사냥을 나왔다가 스핑크스 그늘에서 낮잠을 즐기게 되었다. 그때 이미 케프렌의 하곡사원과 스핑크스는 조성된 지 1천 5백 년이 훨씬 넘어 심하게 훼손된 채 모래에 묻혀가고 있었다. 그런데 왕자의 꿈속에 스핑크스가 나타나 말했다.

스핑크스, 꿈속 계시

나를 봐라. 투트모시스 내 아들아. 나는 네게 이 왕국을 주겠다. 네 머리에 흰 왕관(상이집트의 왕권을 상징)과 붉은 왕관(하이집트의 왕권을 상징)을 모두 얹어주겠다. 만물이 우주의 눈(태양)에 비치듯이 이 나라는 그 길이와 넓이대로 너의 것이다. 그렇지만 병자와

◀ 기제에 있는 사람의 얼굴과 사자 몸 모습을 한
스핑크스와 케프렌 왕의 피라미드

같은 내 상태를 보아라. 내 몸은 온전히 허물어져 가고 있고 사막의 모래는 나를 질식시키려 한다.

투트모시스 4세에게는 아버지 아메노피스 2세를 이을 정식의 왕위 계승자인 형이 따로 있었다. 그러나 투트모시스 4세는 사람을 시켜 정성껏 스핑크스를 매만지고 모래 언덕을 치웠다. 결과는 스핑크스의 예언대로 되었다. 그의 형이 성년이 되기도 전에 죽어 왕위는 그에게로 돌아오게 되었다는 것이다. 스핑크스를 둘러싼 역사와 전설에는 나폴레옹도 들어 있다. 그는 이집트 원정 때 더위와 갈증에 지친 프랑스 군대를 격려하기 위해 외쳤다.

병사들이여! 5천 년 역사가 제군들을 내려다보고 있다.

위대함과 영광의 환상에 젖어 있던 당시의 프랑스 군대에게 그와 같은 깨우침은 적잖은 자극이 되었을 것이다. 그러나 한편으로 나폴레옹은 깨어진 스핑크스의 코에 대해 달갑잖은 혐의도 받고 있다. 이집트인들의 기를 죽이기 위해 혹은 포사격 연습용으로 스핑크스를 대포로 쏘아 그 코를 뭉개 놓았다는 얘기가 그러하다. 그가 알렉산더를 흉내내어 원정대에 학자들까지 포함시킨 걸로 보아서는 별로 미덥지 않게 들리는 소리다.

보통 제3 피라미드라고 불리는 나머지 피라미드는 케프렌의 아들 멘카우레왕의 것이다. 할아버지와 아버지의 피라미드와는 비교도 안될 만큼 작고 초라한데 그래도 하곡사원을 갖추고 있었던 듯했다. 비록 고왕국은 그 뒤로도 몇 왕조를 더 이어가지만 멘카우레의 피라미드는 벌써 기우는 고왕국의 해, 시드는 영광을 드러내고 있는 것이나 아닌지.

기제에서의 피라미드 순례를 그쯤으로 끝내고 원주민들이 끌고 나온 낙타를 빌려 서쪽 사막으로 들어가 보았다. 아홉 개의 피라미드가 한눈에 들어오는 모래 언덕에서 원경(遠景)을 보기 위함이었으나 그보다 눈길을 끄는 것은 그곳에 널려 있는 집터였다. 옛날 무분별하게 들어서 있던 부호들의 별장을 사다트 시절에 헐어낸 터라 했다. 피라미드의 원경 외에 아무것도 탐날 게 없는 사막에 별장들이 들어선 것을 보면 역사란 게 반드시 무상한 것만도 아닌 듯했다.

고왕국 시대 무덤안에 넣어둔 가짜문. 죽은자의 영혼이 드나들며 이 세상에 살아있는 사람들과 소통한다고 믿었다.

피라미드의 황혼, 아부시르·하와라

古왕국의 끝 … 사라진 태양신전

이집트에서 피라미드가 있는 지역은 이름있는 곳만으로도 열 군데가 넘는다. 그러나 넉넉하지 못한 여정인데다 여행의 목적도 피라미드에 대한 정밀한 고고학적 탐구는 아니어서 굵은 역사의 선을 따라 한두 군데만 더 들르기로 했다. 우리가 피라미드를 더 듬는 것은 그것이 고왕국의 영광을 드러내는 특징적인 유산인 까닭이다.

기제 다음으로 들른 아부시르는 역시 멤피스 근교의 사막 가장자리에 있는 무덤 지역으로, 5왕조의 피라미드가 몰려 있는 곳이다. 사카라가 피라미드의 종합전시장 격이라면, 마이둠이 3왕조, 기제가 4왕조의 피라미드가 모여 있는 곳이라 역사적인 순서로도 아부시르는 마땅히 찾아봐야 할 곳이 된다.

검소한 무덤 강조

고왕국에 속하는 5왕조의 창시자인 우제르캅은 4왕조의 마지막 왕인 크헨트카웨스의 아들이라고 하고 네페르헤텝스란 왕녀의 아들이라고도 전해지는데, 일반적으로는 드제드프르의 손자로 보고 있다. 드제드프르는 기제의 대피라미드를 만든 케호프의 아들로 일찍 죽어 왕위를 배다른 아우인 케프렌에게 물려준 왕이다. 그 뒤 왕위는 케프렌의 아들 멘카우레에게 이어져 드제드프르계

(系)는 왕통에서 밀려났는데 그 손자 대에서 다시 회복한 셈이다.

그러나 우제르캅을 새로운 왕조의 창시자로 보고 그 뒤의 왕들을 다른 왕조로 묶게 된 까닭이 그러한 혈통의 문제에 있는 것 같지는 않다. 그보다 우제르캅 자신이 전왕조와의 변별을 원했고, 고대 이집트에서는 수도와 마찬가지의 중요성을 가진 왕가의 무덤 지역을 전왕조와 다른 곳으로 바꾼 데 그 원인이 있는 듯하다.

사카라와 마이듐, 그리고 기제를 거쳐온 사람들이라면 아무런 설명 없이도 이제 노쇠한 피라미드가 마지막 숨을 모으고 있음을 하와라에서 느낄 수 있을 것이다. 그 뒤로도 몇 왕조는 피라미드라는 형태의 무덤을 축조하지만 끝내 옛 영광을 재현해내지는 못했다.

우제르캅은 한 왕조의 창시자다운 명군으로 알려져 있는데, 자신의 피라미드를 검소하게 축조하도록 유언했고, 지역도 4왕조의 왕들이 있는 기제나 엘아리얀을 피해 3왕조의 무덤 지역이었던 사카라로 돌아갔다. 그것으로 보아 4왕조는 크고 호화로운 피라미드 축조로 백성들의 원성을 적지 않게 샀던 것으로 짐작된다.

하지만 그도 고대 이집트의 파라오들에게 어느 정도는 공통된 건축열에서 벗어나지 못한 듯 사카라 북쪽의 사막에 태양신전을 세우고 그곳을 왕가의 새로운 무덤 지역으로 선포했는데 그곳이

◀ 5왕조의 왕가 무덤이 밀집한 아부시르의
풍화에 허물어진 피라미드와 제례사원 파편들

바로 아부시르이다. 그의 후계자들도 충실하게 선왕의 유지를 받들어 그 뒤 그곳에는 5왕조의 피라미드가 셋이나 들어섰다.

우리가 아부시르에서 찾은 것은 그 중에서 가장 규모가 큰 피라미드와 그 앞에 널려 있는 제례사원이었다. 안내인은 다르게 말하고 있었지만 기록으로 짐작건대 5왕조의 세번째 왕인 네페리트카레의 피라미드 같았다. 지금은 그보다도 훨씬 낮아 보였으나 원래의 높이대로 해도 기제에서 가장 작은 멘카우레왕의 피라미드 규모를 넘지 않았다. 하지만 사카라에 있는 우제르캅의 피라미드 규모를 크게 넘지 않은 선왕 사후레의 피라미드보다는 배 가까이 컸다.

규모에서는 다소 할아버지 우제르캅의 유지를 거슬렀지만 검소의 측면에서는 네페리트카레도 꽤나 충실히 따른 듯했다. 피라미드는 그 지역의 질 낮은 석회석을 잘라 썼는데 그나마 그 크기조차 대단치 않아 멀리서 보기에는 풍화에 허물어지다 만 돌더미 같은 인상을 주었다. 그러나 피라미드 앞 기둥 하나 제대로 서 있지 않은 제례사원의 폐허에서는 아스완에서 날라 온 붉은 대리석 조각이 더러 보였다. 기둥이나 문설주로 썼던 것들의 잔해라니 사원도 주재료는 그 지역의 석회암이었던 모양이다.

검소하다는 것, 특히 제례에 지나치게 국력을 낭비하지 않는다는 것은 왕가의 덕목일 수도 있다. 그러나 아직도 생생한 기제의 기억은 왠지 5왕조의 그러한 검소함이 미덕이 아니라 시드는 고왕국의 영광을 암시하는 불길한 조짐처럼 느껴졌다. 기제에서 그 절정의 광휘를 내뿜던 고왕국의 해는 이제 기울고 있다. … 피라미드 바로 앞에 제례사원의 폐허가 있는데 다시 언덕 아래 따로 하곡사원이 있다는 게 특이해 내려가 보려 했으나 안내인이 고개를 흔들었다. 가봤자 제례사원보다 더 심하게 내려앉고 파묻힌 폐허를 보게 될 뿐이라고 한다. 다시 우제르캅이 축조했다는 태양신전을 찾았으나 이번에는 잘 모른다는 대답이었다. 어딘가 그렇게 불리는 모래 언덕이 있다는 말은 들었지만 관광객이 잘 찾지 않는 곳이라 알아두지 않았다는 것이었다.

거기다가 그날의 일정이 파이윰까지 돌아보는 것으로 되어 있어 아부시르에선 그리 많은 여유가 없었다. 파이윰까지의 먼길을 가는 차 안에서 무심코 조금 전의 감회를 말했더니 안내인이 선뜻 받았다. "그렇다면 가다가 하와라에 들르지요. 비록 고왕국의 것은 아니지만 피라미드의 황혼을 느낄 수 있을 겁니다. 파이윰으로 가는 길가에서 멀지 않으니 시간부담도 적고."

하와라는 그렇게 해서 들르게 되었다. 그러나 하와라의 피라미드를 얘기하기 전에 고왕국의 황혼을 거칠게나마 정리해 두는

기둥 양식만 남아있는 아브시르 왕가 무덤 군

◀ 황혼기를 상징하듯 흙벽돌로 쌓아올린 하와라의
아메네메스(또는 아메넴헤트) 3세 피라미드와 잔해들

편이 좋을 것이다.

진흙에 밀짚 넣어

고왕국의 끝이 언제냐에 대해서는 멀리 페피 2세의 치세까지 거슬러 올라가는 사람도 있지만 대체로 6왕조의 몰락까지로 본다. 그 몰락의 원인에 대해서도 설명은 구구하다. 헤로도토스 이래의 고전적인 견해는 피라미드 축조에 따른 과도한 국력낭비를 들고, 어떤 연구는 계속적인 식량부족을 야기한 기후의 변화를 든다. 그리고 한편으로는 중단된 대외교역이나 해외원정에서 오는 물자의 공급부족을, 더러는 주변 유목민족의 델타 침입을 들기도 하는데 아마도 그 모든 것이 어우러져 파라오의 통제력을 약화시키고 '70일에 70명의 왕'이라는 대혼란 시대를 열었던 것이다.

그 뒤 중왕국이 출현하기까지의 160년 가량을 제1 중간기라 하는데 이때 왕조만도 다섯 번이 나타난다. 그러나 어떤 왕조는 단순한 지역세력에 지나지 않은 것도 있고, 어떤 것은 시작도 끝도 애매하다. 그러다가 11왕조가 들어서서 이집트를 통일하고 중왕국이 시작되는데, 하와라의 피라미드는 바로 그 다음 12왕조의 여섯번째 왕 아메네메스 혹은 아메넴헤트 3세의 것이다.

하와라의 피라미드는 큰길에서 멀지 않은 모래벌에 한 기가 달랑 서 있었는데 멀리서 보기에는 기제를 제외한 지역의 흔한 피라미드와 큰 차이가 없었다. 그러나 가까이 다가가자 이내 피라미드의 황혼이란 이미지가 실감나게 전해왔다. 멀리서 보기에는 돌로 보이던 피라미드의 재질은 엄청난 크기로 찍어낸 흙벽돌이었다. 진흙에다 밀짚을 썰어 넣고 찍어내 햇볕에 말린 것인데, 강우량이 거의 없다시피 한 리비아 사막 가운데라 그런지 돌과 다름없이 수천 년이나 원형을 유지하고 있었다. 그러나 아무래도 압력에는 약해서 피라미드의 경사각은 돌로 쌓은 것들보다 현저하게 완만했다.

사카라와 마이듐, 그리고 기제를 거쳐온 사람들이라면 아무런 설명 없이도 이제 노쇠한 피라미드가 마지막 숨을 모으고 있음을 하와라에서 느낄 수 있을 것이다. 그 뒤로도 몇 왕조는 피라미드라는 형태의 무덤을 축조하지만 끝내 옛 영광을 재현해 내지는 못했다. 그러다가 마침내 피라미드라는 형식 자체가 사라지고 왕의 미이라들은 건조한 석회암 동굴 속으로 옮겨지게 된다.

폐허로 남은 중왕국 파이윰

반역의 역사⋯찬탈 또 찬탈

제1 중간기의 분열과 혼란은 차츰 헤라클레오폴리스를 중심으로 한 10왕조와 테베 지방을 중심으로 한 11왕조 사이의 대결로 압축되어 갔다. 네페르카레(케티 1세 다음의 네페트카레와는 다른 인물)란 사람에 의해 창시된 10왕조는 마지막 왕 메리카레 때까지 거의 백 년이나 존속했고, 인요텝에 의해 창시된 11왕조 역시 그 근원은 8왕조 말기로 거슬러 올라갈 만큼 오래된 왕조였다.

남부왕조 대업달성

하지만 두 왕조는 모두 남북으로 떨어진 지방정권이어서 한동안은 이렇다할 교섭이 없었다. 그러다가 10왕조로 봐서는 케티 3세 때, 그리고 11왕조로 봐서는 인요텝 2세 때부터 본격적인 쟁패에 들어가게 된다.

그 뒤 두 왕조의 쟁투는 대를 이어 전개되는데 중간에 낀 세력들의 복잡한 이합집산을 거쳐 마침내 통일의 대업을 이룬 것은 테베 왕조였다. 인요텝 3세의 뒤를 이은 멘투호트페 2세는 기근으로 고통받던 티스 지방의 노모스들이 헤라클레오폴리스왕조에 대해 반란을 일으키자 북벌의 군대를 일으켰다.

그는 북부에 동조하던 아슈트 지방을 신속하게 점령하고 이어 열다섯 개의 노모스를 아무런 저항도 받지 않고 차지했다. 하지

만 헤라클레오폴리스 왕조가 무너졌다 해서 바로 통일이 완수된 것은 아니었다. 그는 자신에게 저항하는 세력들의 피난처인 다크라 오아시스를 소탕한 뒤에도 그 동안 협조한 지방세력들에 원래의 지배권을 허용하고 그 나머지 지방에만 테베의 관료들을 파견해 지배했다. 통일 초기의 유화정책으로, 그의 통치권이 전 이집트에 미치게 되는 것은 그로부터 상당한 세월이 지난 뒤였다.

힉소스의 침입이 있기까지 중왕국은 나름의 번성을 한다. 하지만 한번 축적된 내적 에너지는 고왕국과 뒤이은 제1중간기의 탕진으로 중왕국의 번성에는 어떤 한계 같은 게 느껴진다. 왕국의 판도는 고왕국의 전성기를 크게 넘어서지 못하고, 건축물들도 고왕국과 신왕국의 빛에 가려 잘 눈에 띄지 않는다.

그런데 여기서 흥미있는 것은 그 전에도 그 뒤에도 되풀이되는 통일의 양상이다. 물산이 풍부하고 일찍부터 문화의 세례를 받은 델타 지방을 근거로 하는 북부에 비해, 테베 지방은 물산도 문화와 인구에서도 열세였다. 나일강을 따라 난 좁은 평야에 의지해 살아야 하는 그들은 그 때문에 일찍부터 단결력과 조직을 바탕으로 한 전투기술과 정치력으로 자신들의 약점을 보완했다. 고왕국부터 신왕국에 이르기까지 북부와의 투쟁에서 언제나 승리하고 통일의 위업을 달성할 수 있었던 원인도 거기에 있을 것이다.

아브시르 근처 녹지대 델타에서 이집트 농부가 트랙터로 땅을 고르고 있다

힉소스 침입에 멸망

통일왕조를 건설한 11왕조는 다시 응집된 국력으로 고왕국의 영화를 착실히 회복한다. 중단되었던 시나이반도 경영을 다시 시작하고 서쪽으로 리비아를, 남으로는 제3 폭포를 지나 누비아 지방에까지 세력을 뻗친다. 멘투호트페 1세로부터 4세까지의 위업이다.

그런데 멘투호트페 4세 때에 이르러 석연찮은 경위로 테베왕조는 끝나고 12왕조가 열린다. 12왕조의 창시자는 아메네메스

(혹은 아메넴헤트) 1세로서 멘투호트페 4세가 홍해(紅海) 원정을 할 때 그의 재상이었다. 그로 미루어 일종의 찬탈이 일어났던 듯한데, 전하는 것은 다분히 조작한 냄새가 나는 후대의 기록뿐이다. 거기에 따르면 아메네메스는 멘투호트페와 공동 섭정(攝政)이었다고 한다.

공동섭정이란 것은 아메네메스 이후에 보이는 제도로서, 보통은 장성한 태자가 그걸 맡는다. 그런데 멘투호트페와 아무런 혈연관계가 없어 보이는 아메네메스가 어떻게 공동섭정이 될 수 있었는지에 대해서는 알려진 바 없다.

찬탈자들이 대개 그렇듯이 아메네메스 1세도 야심 많고 정력적인 왕이었다. 그는 붑스티스와 타니스를 건설하고 카르나크와 콥토스를 비롯한 여러 곳에 많은 건축물을 지었으며, 엘 리시트에 자신의 피라미드를 남겼다. 또 종교에도 관심을 보여 아론신과 라신을 합쳐 아론-라 신(神)을 만들어내기도 했다. 그러나 찬탈의 죄값을 받은 것인지 그 또한 이름이 밝혀지지 않은 음모자들에게 암살당하고, 왕위는 아들 세소스트리스 1세에게로 넘어간다.

그 뒤 힉소스의 침입이 있기까지 중왕국은 나름의 번성을 한다. 하지만 한번 축적된 내적 에너지는 고왕국과 뒤이은 제1중간기의 탕진으로 중왕국의 번성에는 어떤 한계 같은 게 느껴진다. 왕국의 판도는 고왕국의 전성기를 크게 넘어서지 못하고, 건축물들도 고왕국과 신왕국의 빛에 가려 잘 눈에 띄지 않는다. 문화만 모든 장르에서 난숙하게 피어나지만 그것은 이미 고대문자 속에 한 겹 감춰진 문화이다.

거기다가 중왕국의 유적들은 대개 신왕국의 것들과 함께 있고, 불손한 신왕국의 후배 왕들은 선배들의 무덤과 신전을 마구 헐어 자신의 영광을 드러내는 재료로 써버렸기 때문에 중왕국의 유적을 따로 찾아보기는 쉽지 않다. 이민족의 침입과 뒤이은 제2 중간기, 그리고 오랜 세월도 중왕국의 영화를 살피는 데는 불리하기만 하다.

따라서 중왕국의 유적지로 우리가 고른 곳은 파이윰과 디에르 엘 바흐리, 헬리오폴리스, 그리고 아바리스였다. 파이윰은 중왕국의 역대 왕들이 힘을 들인 대표적인 국토개발사업 지역이고, 디에르 엘 바흐리, 헬리오폴리스에는 세소스트리스 1세가 재건했다는 라-아툼 신전(神殿)이 있으며, 멘투호트페 2세의 피라미드 복합구조물이 있고, 아바리스는 중왕국을 멸망시킨 힉소스의 근거지이기 때문이다. 파이윰은 카이로 서남쪽 리비아 사막 가운데 있는 평야지대이다. 북쪽에서 내려오든, 나일강을 따라 국도에서 서쪽으로 길을 잡든 한 시간은 사막을 달려야 한다. 아부시르, 마이둠, 하와라를 거치느라 사막을 달리고 있다는 기분은 제대로 느껴보지 못했지만 더운 날씨와 건조한 공기 탓에 목이 말라 찾았던 어떤 마을의 상점이 매우 인상 깊었다.

상점이란 게 60년대의 시골 구멍가게보다 못한데 용케도 콜라는 거기까지 와 있었다. 그러나 냉장고가 없어 미지근한데다 오래 팔지 못해서인지 병마개에 슨 녹은 콜라를 마시기도 전에 갈증을 잊게 해주었다. 거기다가 모여드는 동네 아이들은 또 왜 그렇게 씁쓸하게 우리 지난날을 떠오르게 하던지.

악어가 많던 늪지대

파이윰 하면 으레 오아시스란 말이 따라붙고, 실제로 멀리서 보이는 종려나무 숲도 사막을 오래 달려온 까닭인지 오아시스란 느낌을 주었다. 그러나 가까이 가서 보니 거미줄처럼 얽힌 수로가 그곳 또한 델타 지역과 다름없이 나일강을 젖줄로 삼고 있음을 알 수 있게 했다.

들기로 파이윰은 이집트에서 델타 다음 가는 곡창지대로, 지질이 비옥한 지역이 폭만도 80킬로미터가 넘는다고 한다. 처음에는 중왕국의 파라오들이, 그리고 나중에는 그리스 로마의 식민세력

◀ 마이둠 피라미드 근처에서 이방인에게 몰려든 이집트 아이들

이 왜 그렇게 많은 인력과 물자를 들여 그곳을 개척했는지 알 만하다. 12왕조는 한때 수도를 부근의 엘 리스트로 옮길 정도로 파이윰 개척에 열을 올렸다. 그들은 아마도 새로운 영토를 획득하는 기분으로 관개사업에 매달렸을 것이다.

리비아 사막의 건조화가 시작되기 전 파이윰 지역은 악어들이 우글거리던 늪지대였던 듯했다. 악어와 관계된 지명이 많고, 중왕국 때는 악어신의 신전까지 있었다고 한다. 그러나 이제 그 흔적은 파이윰 서북쪽의 카룬 호수로만 남아 있다.

오랜 세월 좁아들어 지금은 해변보다 40여 미터나 낮고 물도 사해(死海)처럼 짠물이 되어가고 있다지만 그 넓이는 바다를 연상케 할 만했다.

우리가 파이윰에서 찾아보고 싶었던 것은 희미한 대로 중왕국의 흔적이었다. 세소스트리스 2세가 건설했다는 코로코딜폴리스, 이집트 최초의 계획도시라는 카훈, 그리고 람세스 2세 때 동원된 노동자들의 정착마을이었다는 메디나의 흔적들을 돌아보고 싶었으며, 파이윰 개발을 완수한 아메네메스 3세와 그의 아들 아메네메스 4세의 신전, 세디트란 곳에 있다는 세베크 신전을 돌아보려 했다.

그러나 그 어느 곳도 일반인들에게는 그리 알려진 곳이 아닌

데다 폭 2백 리의 공간에 흩어져 있는 것이라 뜻대로 되지 않았다. 하릴없이 카룬 호숫가를 어정거리다가 어설픈 증명사진(우리가 그곳에 갔다는) 몇 장으로 아쉬움을 때우고 귀로를 재촉했다.

중왕국의 잔영, 디에르 엘 바흐리·헬리오폴리스
태양신의 거리서 찾은 '아기 예수 발자국'

신전-사원 복합건물

솔직히 고백하자면 디에르 엘 바흐리는 중왕국의 잔영을 찾아 따로 이 여정을 잡은 것이 아니라 나중 나일강을 따라 내려오며 주로 신왕국의 유적을 살필 때 함께 찾은 곳이었다. 룩소르 서안 (西岸)에 있는 지역으로, 일반 관광객들에게는 중왕국의 유적지로서보다는 하트세프수트여왕의 신전으로 더 잘 알려져 있다. 그런데도 굳이 현실의 여정과 달리 바흐리를 따로 떼내 얘기하려는 것은 그곳에 하트세프수트여왕의 신전과 나란히 있는 멘투호트페 2세의 피라미드 복합건물 때문이다. 멘투호트페 2세는 통일의 위업을 달성한 중왕국의 시조로도 중요하지만 그의 신전인 그 피라미드 복합건물도 피라미드의 그 후를 보여주는 것으로 매우 의미가 깊다. 5왕조 이래 작고 초라해져 가던 피라미드는 거기서 다시 한번 화려한 변용을 보여주고 있는 까닭이다.

얼치기 문명사가의 추측인지 모르지만 그 신전은 피라미드와 제의(祭儀)신전과 하곡사원을 한곳에 합쳐둔 복합건물인 것 같아 보인다. 3층의 구조로 되어 있는데, 맨 위가 피라미드이고, 그 아래 피라미드의 밑면보다 넓은 정사각형 지붕을 한 열주(列柱)의 신전형태 건물이 들어선 까닭이다. 게다가 아직까지 따로이 하곡사원의 흔적이 발견되지 않았다는 것도 그런 추측을 뒷받침한다.

오벨리스크가 서 있는 헬리오폴리스 라-아툼 신전 터 ▶

그 신전은 위에서 평면도를 보면 넓이가 다른 세 개의 정사각형을 포개놓은 형태로, 신전 앞의 용도가 잘 알려지지 않은 넓은 광장 또한 이전의 피라미드에서는 볼 수 없던 양식이다.

그 광장이 지층과 분리되어 2층의 신전 테라스와 비탈길로 이어져 있는 것도 특이하다.

멘투호트페 2세의 신전은 오래되어 허물어지고 또 하트세프수트여왕이 자신의 신전을 건축하면서 석재의 일부를 뜯어가 버려 지금은 그녀의 신전과 비교도 안 될 만큼 폐허의 분위기를 풍긴다. 그러나 축조 당시에는 규모에서도 화려함에서도 결코 뒤지지 않았을 것으로 보이는데 이제 이집트 정부가 복원을 시도하고 있으니 자못 기대가 된다.

그 곁에 나란히 서 있는 하트세프수트여왕의 신전이나 그 밖의 경물에 대한 자세한 묘사는 신왕국을 얘기할 때로 미루고 다시 델타로 돌아가자.

황량한 라-아툼 신전

다음으로 찾게 될 헬리오폴리스 역시 중왕국의 잔영을 느끼기에 그리 유리한 곳은 못된다. 헬리오폴리스는 이집트에서 아주 오래된 도시들 중의 하나로 비교종교학을 하는 사람들, 특히 고대 이

집트 신학을 하는 이들에게 오히려 흥미 있는 곳이 될 것이다.

이집트의 주신 격인 태양신의 도시, 하이집트 열세번째 노모스의 수도, 누트의 무화과나무가 있으며, 세트에게 토막난 오시리스의 시체 일부가 묻혔던 신성한 곳. 이집트 고대 신학의 본산과도 같은 곳으로, 정연한 신들의 계보(company of Gods)로도 유명하며, 그 도시 승려들의 종교적인 권위는 먼 후대까지도 이집트 정치에 영향을 미쳤다.

그러나 이제 찾아가는 것은 그런 방향의 헬리오폴리스가 아니었다. 좀 억지스러운 대로 이 문명기행에 어떤 균형을 주기 위해 중왕국의 세소스트리스 1세가 재건했다는 라-아툼 신전의 유적을 보기 위해 그리로 향했다. 라-아툼은 템 또는 아툼이란 인근 지역의 신과 태양신 라가 결합된 신이라 한다.

처음 카이로를 나설 때만 해도 우리는 헬리오폴리스가 고색창연한 도시거나 최소한 세월의 무상함이 물씬 느껴지는 폐허를 상상했다. 그러나 지저분하면서도 혼잡하기 짝이 없는 카이로 변두리를 한 시간 가까이 자동차로 헤집고 도착한 헬리오폴리스는 카이로와 연결된 그 외곽지역이나 다름없었다.

"오신 김에 마리아의 나무도 보시지요." 한 군데 대로 가의 팻말을 가리키며 안내인이 말했다. 그 팻말에 쓰인 '성처녀의 나

무'란 글을 보고서야 우리는 비로소 그곳이 기독교와도 관련이 있음을 상기했다. 성경에 요셉과 마리아가 어린 예수를 데리고 이집트로 피난을 갔다는 구절이 나오는데 그 지역이 바로 헬리오폴리스였다.

일반적으로 헤롯왕의 박해를 피해 이집트로 간 요셉과 마리아는 그곳에서

멘투호트페 2세의 신전은 오래되어 허물어지고 또 하트세프수트여왕이 자신의 신전을 건축하면서 석재의 일부를 뜯어가 버려 지금은 그녀의 신전과 비교도 안 될 만큼 폐허의 분위기를 풍긴다.

예수가 다섯 살이 될 때까지 산 것으로 알려져 있다. 그러나 아슈트 부근까지 예수와 관련된 전설이 남아 있는 것으로 보아 그들 세 식구는 이집트 여러 지방을 떠돈 것으로 보인다.

그 나무는 대로에서 꺾여 들어간 골목길에 있었는데 우리에게는 낯선 수종으로 이집트 무화과라 했다. 성모 마리아가 손수 심은 것이라고는 하지만 아열대에 가까운 기후에서 자라는 나무의 수명이 2천 년이나 갈 것 같지는 않았다. 어떤 이는 원래 마리아가 심었던 나무는 죽고 4백 년 전에 다시 돋은 싹이 자란 것이라고 했는데 얼른 보기에는 그 정도 고목으로 보이기는 해도 그 말조차 미덥지 않았다.

그러나 어쨌든 그 나무가 아기 예수나 마리아와 관계된 것만

◀ '성처녀 나무'로 명명된 헬리오폴리스의 마리아 나무

은 틀림없는 듯하고, 고대 이집트의 신들과 회교사원들의 독경소리에 싸여 지내던 나그네들에게는 그래서 오히려 신선한 감동으로 다가왔다. 특히 그 도시에서의 어린 예수를 졸작(拙作) 〈사람의 아들〉에서 상상으로 그려낸 적이 있는 필자는 감회가 남달랐다.

세소스트리스 1세가 고왕국의 신전을 재건했다는 라-아툼신전의 유적 역시도 동네 인가들 사이에 둘러싸인 작은 공터 같은 곳이었다. 관리인도 있고 경계를 둘러 보존의 의사도 보이고는 있었으나 너무도 심하게 훼손되어 장엄함은커녕 처연함이나 황량함조차 느낄 수가 없었다. 후대의 왕들에 의해 카르투시(왕의 이름 주위에 그려진 타원형의 선)가 변조된 오벨리스크 하나가 겨우 고대 유적으로서의 체면을 유지하고 있을 뿐, 나머지는 폐허라 부르기조차 어려울 정도의 잔해였다.

듣기로 헬리오폴리스 지역의 유적은 왕조나 시대를 불문하고 대개 그런 형편에 놓여 있다고 한다. 카이로가 가까워 오랜 세월 그곳의 석재들을 가져다 카이로의 건축에 재사용한 바람에 신왕국의 유적까지도 제대로 남게 되지 못했다는 것이었다.

고양이 머리의 여신

부바스티스 역시 헬리오폴리스에 못지않게 오래된 도시로서, 하이집트 일곱번째 노모스의 수도였다. 헤로도토스나 플리니, 스트라보 같은 고대사가들에게도 언급되고 구약 에스겔서에도 피베세트란 이름으로 나타난다.

부바스티스의 주신은 바스트란 여신이다. 고양이의 머리를 한 그 신상은 중근동으로 퍼져 나가면서 그 도시의 이름으로 불리기도 했는데 졸작 〈사람의 아들〉에서도 이방인인 주인공은 부바스티스를 신의 이름으로 열거하고 있다.

하지만 정확히 말하자면 오늘날의 이집트에는 부바스티스란 도시는 없다. 부바스티스의 유적은 주로 텔 바스타란 지역에 남아 있었는데, 안내인의 말로는 역시 비슷한 뜻이라고 한다. 헬리오폴리스에서 자가지그 쪽으로 한 시간 가까이 달리면 나오는 작은 도시였다.

부바스티스는 나비유라는 학자에게 철저하게 탐사되어 문헌상으로는 많은 것이 알려져 있다. 4왕조의 케호프, 케프렌 시절의 기록들과 6왕조의 테피, 페피 1세 그리고 제2중간기의 호리 1세 등의 신전이 확인되었다고 한다. 중왕국의 유적지로는 적합하지 않으나 아바리스로 가는 길목이라 한 번 둘러보았다.

발굴이 진행중인 부바스티스의 바스트 유적지

우리가 찾은 곳은 큰길가에 있는 바스트 신전의 유적이었다. 그러나 발굴이 한창 진행중이어서 정리된 자료는 별로 없고 사진촬영조차 허락하지 않았다. 현지인 안내인이 나서서 몇십 파운드 집어주고 어렵게 사진 몇 장을 얻을 수 있었을 뿐 나머지는 나비유의 저서에 의지하기로 하고 그곳을 떠났다. 쓰러져 있는 돌기둥의 형태나 조각양식으로 보아 한 시대의 건축물이 아니라 여러 시대에 걸쳐(그리스 로마시대까지) 재건되고 증축된 신전 같았다.

사라진 수도 아바리스

아시아계(系) 힉소스, 델타 '백년통치'

혈통-어계(語系) 불명

부바스티스를 떠나 아바리스를 찾아간다. 그러나 부바스티스와 마찬가지로 아바리스라는 곳은 현대의 이집트 지도에는 없어 안내인의 고고학적 지식에 의지할 수밖에 없었다. 그에 따르면 옛 타니스의 유적 가까운 곳에 아바리스의 폐허가 있다는 것이었다.

11월이지만 델타의 한낮은 우리의 여름날이나 별로 다름이 없었다. 위도는 높아도 거미줄처럼 얽힌 수로들과 나일의 지류, 그리고 지중해의 습기가 체감온도를 높게 만드는 듯했다. 가는 도중 차를 세우고 마련해 간 도시락으로 늦은 점심을 때웠다. 길가에 펼쳐진 논에 베어진 벼의 그루터기가 반가웠다.

다시 아바리스를 찾아가는 차 속에서 이제 새로운 전환기를 맞게 되는 이집트의 역사를 간추려 본다. 중왕국의 영화는 생각보다 짧아 12왕조로 끝나고 이른바 제2 중간기가 시작된다. 13왕조에서 17왕조까지 약 2백 년간이 그 시기이다.

13, 14왕조는 이집트인의 왕조로서 이집트 전토를 지배하지는 못한 왕조들이었고, 어느 시기는 병립하기도 했다. 15, 16왕조는 이민족인 힉소스의 왕조로서 역시 이집트 전토를 지배하지는 못했다.

우리가 찾아가는 아바리스는 바로 그 힉소스왕조가 도읍했던 곳이다. 힉소스는 아시아계 기마민족으로, 동쪽에서 왔다는 것 외에 혈통도 어계(語系)도 명확하게 밝혀지지 않은 민족이다. 힉소스란 말도 특정한 민족의 이름이라기보다는 '이방의 족장들'이란 뜻의 이집트어가 그리스어로 번역되는 과정에서 변조된 말이라고 한다.

힉소스의 델타 침입은 그 당시 서아시아에 있었던 대규모의 민족이동과 관련된 것으로 보인다. 그러나 아시아계 민족들의 유입은 이미 중왕국시대부터 있어온 현상이었다. 노동자로서, 기술자로서 또는 교역을 통해 수가 불어난 그들도 힉소스의 급속한 세력확대에 한몫을 했을 것이다.

어쨌든 델타 동쪽으로 침입한 그들은 아바리스에 터를 잡고 독립된 세력을 키워나갔다. 날로 쇠약해 가던 13왕조와 한 지역 정권으로 병립하고 있던 14왕조는 그들을 격퇴할 힘이 없었다. 그리하여 그들 이민족이 왕조의 형태를 갖추는 것은 살리타스 혹은 세시라는 군주 때였다.

그곳은 낮고 아주 넓은 사구(沙丘)로서, 남아 있는 것은 그때까지 본 중에서도 가장 철저하게 파손된 폐허였다. 사방으로 트인 사막 한가운데 옛 건축물과 잔해가 띄엄띄엄 남아 있는데, 대개는 자연석 덩이와 다름없을 정도로 원형과 용도가 전혀 가늠되지 않는 것들로서, 그것도 말 그대로 '돌 위에 돌 하나 남아 있지 않은' 형국이었다.

그들은 동쪽 아바리스를 근거지 삼아 차츰 델타 심장부로 세력을 뻗어나갔고, 이집트인의 13, 14왕조는 파도처럼 밀려드는 그들의 기마대와 전차에 차례로 무릎을 꿇고 만다. 그리고 델타를 장악한 힉소스는 다시 남하하여 멤피스를 차지함으로써 하이집트뿐만 아니라 중부 지방까지 세력을 뻗친다.

이집트문화 존중

오래잖아 테베를 중심으로 17왕조가 열리지만 그 세력은 상이집트의 노모스 몇 개에 국한되는 미미한 것이었다.

자가지그 쪽으로 북상하던 차는 큰 수로를 따라 난 국도로 두 시간을 넘게 달려 아바리스로 추정되는 곳에 이르렀다.

그곳은 낮고 아주 넓은 사구(沙丘)로서, 남아 있는 것은 그때까지 본 중에서도 가장 철저하게 파손된 폐허였다. 사방으로 트인 사막 한가운데 옛 건축물과 잔해가 띄엄띄엄 남아 있는데, 대개는 자연석 덩이와 다름없을 정도로 원형과 용도가 전혀 가늠되지 않는 것들로서, 그것도 말 그대로 '돌 위에 돌 하나 남아 있지 않은' 형국이었다.

그러나 바로 그러한 파손상태가 오히려 그곳이 아바리스일 것이라는 확신을 심어주었다. 신왕국 이후에 거세어진 민족주의가

아비도스 신전에 그려진 왕홀과 아칸을 바치는 세트신(왼쪽)

이민족 침입자들에 대한 적의를 그렇게 철저한 파괴로 표현했으리라는 짐작 때문이었다.

힉소스의 지배가 억압과 착취로 표현된 곳은 많지만, 대개 그것들은 신왕국 이후의 기록인 경우이다. 객관적으로 보아 힉소스

◀ 사라진 도시 아바리스로 착각하게 만든
타니스 근처 사막의 흩어진 주춧돌들

왕조는 꽤나 현명한 통치술을 채택했던 것 같다. 곧 이집트의 제도와 문화를 존중해 그 바탕 위에서 지배체제를 세웠고 자신들의 문화나 제도를 강요하지 않았는데, 이는 그 뒤의 정복자들이 한결같이 답습했던 이집트통치술이었다.

그런데 한 가지 흥미로운 것은 어떤 정치적인 목적에서 그랬는지 모르지만 전통적인 이집트의 파라오들이 오시리스를 주신으로 삼은 데 비해 힉소소의 왕들은 오시리스의 적인 세트를 내세우고 있다는 점이다. 나중에 그 세트가 중근동의 바알신(神)이나 히타이트의 테슈브와 동일시되는 것도 재미있다.

힉소스의 왕궁이었는지 신전이었는지조차 알아볼 수 없는 그 터를 거닐면서 아바리스의 최후의 날을 상상해 보았다. 철저한 파괴의 흔적에다 정복자로서는 무자비한 이집트인의 성격을 바탕 삼아 이끌어낸 상상은 절로 끔찍하고 비극적인 것이었다.

중왕국을 일으킨 테베 왕조와 거의 일치한 기반을 가진 17왕조는 처음부터 힉소스 왕조와 격렬한 적대관계에 있었던 것은 아니었던 성싶다.

그러다가 이집트의 해방자요 18왕조의 창시자가 되는 아모스(아하메스)의 선왕(先王) 카모스 때가 되면 사태는 일변한다. 카모스는 그 동안 축적된 힘과 달구어진 민족주의의 열기에 힘입어 먼저 누비아를 정벌하고 힉소스와 싸움을 시작한다.

그러나 힉소스를 이집트에서 몰아내는 데 성공한 것은 그의 후계자 아모스였다. 아모스는 즉위 11년에 힉소스 정벌의 대군을 일으켜 16년 사루헨을 함락시킴으로써 백 년에 걸친 이민족의 통치를 종식시킨다. 힉소스에서 배운 기마술과 전차(戰車)를 구사한 새로운 전법과 이민족 침입자들에 대한 적개심이 그 승리의 주된 원인이었다.

아모스왕에 패배

아바리스도 그 기간 중 몇 년에 걸친 아모스의 포위공격을 견디다가 마침내 무너져 버렸다. 그때 아마도 이 참혹한 파괴에 짝할 만한 학살과 방화가 있었을 것이다. 아모스의 대군에 둘러싸인 외로운 섬 같은 아바리스 최후의 날이 삼천 오백 년의 세월을 뛰어넘어 객쩍은 감회로 가슴에 닿아왔다.

그런데 나중에 참으로 웃지 못할 일이 벌어졌다. 우리는 그곳이 아바리스로 믿고 돌아왔으나 알고 보니 그곳은 아바리스의 옛터가 아니었다. 아바리스는 거기서 남쪽으로 20여 킬로미터 떨어진 곳에 따로 있고, 착실히 발굴이 진행되어 이제는 이름난 유적지가 되었다고 한다.

◀ 고대 이집트 동방기지였던 타니스. 부숴진 성벽과
람세스 석상 등 복원 작업이 한창이다

우리가 다음으로 찾은 타니스의 유적은 아바리스라고 믿은 그 이름 모를 유적지에서 4킬로미터 남짓 되는 곳에 있었다. 타니스는 정복왕 람세스 2세가 동방경략을 위해 건설한 도시로서 19왕조의 델타 지역 수도 격이었으며, 22왕조 때는 실제로 수도로 쓰이기도 했다.

따라서 람세스 2세의 동상을 빼면 유적은 대부분 22왕조의 왕들과 연관된 것이었다. 보존상태는 그리 좋지 않았으나 가운데 있는 아문신의 대신전은 당대의 위용을 가늠하기에 충분했다. 정확한 수치로 비교해 보지는 않았지만, 터로 미루어서는 나중에 보게 될 그 어떤 신전에 못지않을 듯했다. 그 신전 뒤쪽에 있는 '신성한 호수'도 나중에 룩소르에서 되풀이 보게 될 신전 양식의 전형이 될 것이다.

◀ 아부심벨 대신전 지성소에 안치된 신상들.
프타, 아몬 라, 신격화된 람세스 2세, 라하라크티

델타에서 아스완으로

테러로 텅빈 신왕국의 고도(古都)

델타에는 아직도 찾아봐야 할 곳이 많이 남아 있다. 서쪽으로는 시와오아시스와 알렉산드리아, 그리고 도중에 사이스가 있고 동쪽으로는 전에 빠진 아바리스와 텔 엘 야유디야에다 포트사이드에서 수에즈 사이 어디에 있을 동방경략로(經略路)의 흔적이다.

나일강은 쪽빛 띠

하지만 델타에서의 탐사는 대개가 실물보다 고고학적 지식에 더 많이 의지해야 하는 아마추어에게는 다소 따분한 여행이었다. 거기다가 앞서 든 지방들은 대강이나마 역사의 시대구분을 따라온 우리의 일정표로도 서둘러 찾아야 할 이유가 없는 곳들이었다. 이에 우리는 진작부터 신왕국의 찬연한 유적들로 우리를 유혹해 온 나일 강변을 먼저 찾아보기로 하고, 델타를 떠나 아스완으로 향했다.

아스완은 이집트 남쪽에 있는 휴양 및 관광도시로서 옛 누비아 지방에 흩어져 있는 유적들뿐 아니라 상이집트 남부 유적들을 돌아보는 기지로 삼기 알맞은 곳이다. 우리도 비행기로 거기까지 간 뒤에 그곳을 거점으로 아부심벨을 비롯한 누비아 지방의 유적 일부와 필래, 콤옴보까지 돌아보고 다시 육로로 나일을 따라 카이로까지 내려올 작정이었다.

사막이 주는 광활한 느낌은 비행기를 탔다고 해서 조금도 줄어들지 않았다. 시계(視界)가 넓어져서인지 오히려 자동차를 타고 달릴 때보다 더 넓고 아득하게 느껴지는 사막 사이로 나일강이 한 줄기 쪽빛 띠처럼 흐르고 있는 게 인상적이었다.

카이로 공항에서 이륙한 지 한두 시간쯤이나 됐을까. 멀리 바다 같은 게 보이는가 싶더니, 비행기가 고도를 낮추기 시작했다. 50년대에 국민학교를 다닌 사람들에게는 피라미드 못지않게 이집트의 인상을 강하게 결정지었던 아스완

한참 신기루에 정신이 팔려 차창 밖으로 셔터를 눌러대고 있을 때, 무슨 거대한 미루나무 숲 같은 것이 지평선 저쪽에서 접근해 왔다. 움직이는 신기루라 더욱 신기해 그쪽을 주시하는 사이, 다가온 것은 수백 마리의 낙타를 거느린 베두인들이었다. 아무런 생명의 기척이 없던 사막 한가운데 한꺼번에 그토록 많은 생명들이 나타난 것만으로도 감격이 아닐 수 없었다.

댐(정확하게 아스완 하이댐)이 사막 가운데 만들어낸 나세르 호수가 그 바다 같은 것의 정체였다.

아스완 근처의 나일강은 카이로에서 보면 아득한 상류가 되는데도 오히려 수면이 넓어지며, 여러 개의 섬을 품고 있었다. 그 섬들 중 하나인 아스완섬의 한 호텔에 여장을 풀고 하루를 쉰 우리는 다음날 육로로 아부심벨을 향했다. 가까운 곳에 흩어져 있

◀ 관광객 테러를 막기 위해 민병대가 지키고 서 있는
엘 아마르나의 네페르티티 궁전 터

는 여러 유적들을 두고 굳이 먼 아부심벨부터 먼저 찾게 된 것은 가장 남쪽에 있는 유적부터 더듬어 올라온다는 뜻도 있었지만 그곳 신전이 가진 세계적인 지명도도 한몫을 했다.

30여 년 전 아스완 하이댐의 건설로 아부심벨 신전이 수몰될 위기에 처하자 유네스코를 중심으로 '아부심벨 구조운동'이 벌어져 전세계에 도움을 요청했다.

전세계 모금운동

그 운동의 열기는 50년대 말의 헐벗은 우리 사회에까지 번져 당시 국민학생이었던 필자도 신전 이전기금을 모금하기 위해 발행한 실을 샀던 기억이 있다.

이튿날 우리 나름으로는 서둔다고 서둘렀으나, 일행이 아스완 시(市)를 벗어나 아부심벨로 가는 사막 길로 접어든 것은 열두 시가 넘어서였다. 숙소가 강 건너 섬인데다, 아부심벨 현지사정이 어떤지 몰라 식료품을 준비하느라고 시간이 걸린 탓이었다.

아부심벨 현지사정이란 회교원리주의자들의 테러 영향을 말한다. 무바라크 정부의 서구화 정책에 반발하는 회교원리주의자들의 테러는 주로 관광객을 공격하는 것으로 나타나는데, 이는 관광수입이 중요한 재원이 되는 이집트 정부를 곤경에 빠뜨리기 위한 것이라 한다.

  1992년 후반 한창 기승을 부리던 그 테러는 정부의 엄한 진압으로 잠시 수그러들었다가 1993년 봄 다시 고개를 들어 이미 우리의 이집트(行)을 한 번 연기시킨 적이 있었다.

  그 뒤 다시 이집트 정부의 진압정책에 힘입어 테러는 거의 없어졌다는 소식이었고, 그래서 우리도 안심하고 이집트로 출발했으나, 기실 현지사정은 그 무렵 급격하게 악화되어 있었다. 우리가 도착하기 이틀 전 카이로의 1급 호텔 식당에서 식사중이던 미국인 셋이 총기난사로 피살되었고, 원리주의자들의 근거지인 아슈트에서는 진압을 지휘하러 갔던 경찰 간부가 암살된 것이었다.

호텔도 개점휴업

그 바람에 아슈트 이남의 관광지에는 관광객이 절반 이하로 줄어들었다는 소문을 들었는데, 아스완에 와보니 그 소문이 정말임을 알 수 있었다. 관광객을 위한 호텔은 텅 비어 있었고, 아스완 거리에도 관광객은 별로 눈에 띄지 않았다. 듣기로 아부심벨은 더 심해서 원래는 그곳에도 공항이 있었으나 승객이 없어 항공편이 끊어졌으며, 호텔도 개점휴업 상태라는 얘기였다. 하지만 아

◀ 나일강을 오가는 페루카 돛대 뒤로 지붕없는
벽돌집, 야자수, 사막이 펼쳐진 아스완

　스완에서 아부심벨까지는 3백 킬로미터가 채 안되는 거리라 출발이 좀 늦어도 큰 문제는 없어 보였다. 고속도로나 다름없는 사막관통도로라니 가는 데 세 시간을 잡는다 쳐도 아스완에서 서너 시간은 밝게 보낼 수 있을 것 같았다. 돌아오는 거야 밤길이면 어때! 하는 게 우리의 계산이었는데 거기서 벌써 우리의 착오가 있었다.

　그 계산착오는 아스완의 기후 때문에 낮시간을 잘못 가늠한 데서 시작되었다. 워낙 그곳의 위도가 낮은데다, 나세르 호수에서 증발한 수증기가 습기를 더해 기온이 우리의 한여름보다 더운 탓에, 계절로는 동지에 가깝고, 그래서 일몰 시간도 오후 여섯 시를 크게 넘지 못하리라는 걸 잊어버린 까닭이었다.

　아스완을 떠나 사막을 달릴 때만 해도 기분들은 좋았다.

　본격적으로 한낮의 사막 안에 들어서자 눈에 들어오기 시작한 신기루 현상도 처음 보는 이들에게는 감탄의 대상이었다. 신기루 래봤자 자연 교과서에서 배운 도립(倒立) 허상까지는 못되고, 그저 사막의 아지랑이가 빚어내는 착시(錯視) 정도였지만, 몇 년 전 리비아에서 경험했던 것과는 좀 달랐다. 사막 가운데 어따금 솟아 있는 바위산이나 커다란 사구가 파아란 바다에 뜬 섬처럼 보여 우리 다도해를 연상시키는가 하면, 어떤 것은 푸른 하늘 위로 솟아오른 동화 속의 고성(古城) 같기도 했다.

  특히 떠난 지 한 시간쯤 되어 마주치게 된 베두인들은 아직도 기억에 선명할 만큼 인상깊다. 우리가 한참 신기루에 정신이 팔려 차창 밖으로 셔터를 눌러대고 있을 때, 무슨 거대한 미루나무 숲 같은 것이 지평선 저쪽에서 접근해 왔다. 움직이는 신기루라 더욱 신기해 그쪽을 주시하는 사이, 다가온 것은 수백 마리의 낙타를 거느린 베두인들이었다. 아무런 생명의 기척이 없던 사막 한가운데 한꺼번에 그토록 많은 생명들이 나타난 것만으로도 감격이 아닐 수 없었다.

좌상 높이 21미터

우리가 아부심벨에 도착한 것은 오후 네 시 경, 이미 말한 대로 11월로 봐서는 늦은 오후였지만 기온과 햇볕 때문에 여름 한낮으로만 느껴졌다. 테러의 영향은 예상 이상으로 심각해 아부심벨 신전을 중심으로 관광지로 발전했던 마을은 마치 유령도시 같았다.

신전으로 넘어가기 전에 만난 광장은 더 심했다. 한때는 관광객을 상대하는 기념품상들과 이런 저런 노점들로 장바닥을 이루었을 광장에 관광객은커녕 사람의 자취가 아예 없었다.

하지만 그렇다고 해서 그 거대한 유적이 그대로 버려져 있지만은 않았다. 우리가 빈곳에 차를 대고 주인 없는 노점 앞을 얼씬거리자 어디서 보았는지 관리인을 자처하는 남자가 열쇠 꾸러미를 들고 나타났다. 우리는 어디서나 대개 그랬듯 그가 요구하는 관람료 몇 파운드에다 카메라 촬영을 위한 웃돈을 얹어주고 그를 앞세웠다.

관리인은 작은 산처럼 생긴 인조 흙더미를 돌아서 난 길로 우리를 안내했다. 바로 그 인조산 안쪽에 신전이 있었는데, 먼저 우리의 눈길을 끈 것은 그 산 옆구리로 돌면서 만난 아스완댐의 물이었다. 몇 시간 눈이 부신 사막길만 달려온 우리에게 시퍼렇게

신이 되고 싶었던 사내의 신전 아부심벨 ①

채색 각화(刻畵)에 새겨진
참혹한 '피의 역사'

좌상 높이 21미터

우리가 아부심벨에 도착한 것은 오후 네 시 경, 이미 말한 대로 11월로 봐서는 늦은 오후였지만 기온과 햇볕 때문에 여름 한낮으로만 느껴졌다. 테러의 영향은 예상 이상으로 심각해 아부심벨 신전을 중심으로 관광지로 발전했던 마을은 마치 유령도시 같았다.

신전으로 넘어가기 전에 만난 광장은 더 심했다. 한때는 관광객을 상대하는 기념품상들과 이런 저런 노점들로 장바닥을 이루었을 광장에 관광객은커녕 사람의 자취가 아예 없었다.

하지만 그렇다고 해서 그 거대한 유적이 그대로 버려져 있지만은 않았다. 우리가 빈곳에 차를 대고 주인 없는 노점 앞을 얼씬거리자 어디서 보았는지 관리인을 자처하는 남자가 열쇠 꾸러미를 들고 나타났다. 우리는 어디서나 대개 그랬듯 그가 요구하는 관람료 몇 파운드에다 카메라 촬영을 위한 웃돈을 얹어주고 그를 앞세웠다.

관리인은 작은 산처럼 생긴 인조 흙더미를 돌아서 난 길로 우리를 안내했다. 바로 그 인조산 안쪽에 신전이 있었는데, 먼저 우리의 눈길을 끈 것은 그 산 옆구리로 돌면서 만난 아스완댐의 물이었다. 몇 시간 눈이 부신 사막길만 달려온 우리에게 시퍼렇게 펼쳐진 호수가 어찌나 그리도 시원스럽게 비치던지.

아부심벨 신전은 그 인조산을 돌아서자 바로 우리 앞에 낯익은 모습을 드러냈다. 넷씩이나 나란히 앉아 있는 높이 21미터의 거대한 람세스 2세의 좌상이 그랬다. 시간과 싸우려고 이집트 곳곳에다 거대한 석상을 남겼던 그 사내는 이제 스스로 신이 되어 시간을 초월하는 자신의 신전 앞에 버티고 앉아 있는 것이었다.

아부심벨신전은 그 인조산을 돌아서자 바로 우리 앞에 낯익은 모습을 드러냈다. 넷씩이나 나란히 앉아 있는 높이 21미터의 거대한 람세스 2세의 좌상이 그랬다. 시간과 싸우려고 이집트 곳곳에다 거대한 석상을 남겼던 그 사내는 이제 스스로 신이 되어 시간을 초월하는 자신의 신전 앞에 버티고 앉아 있는 것이었다.

하지만 그토록 대담하고 허영에 찬 람세스 2세도 홀로만의 영생은 외로웠던지 그의 두 다리 곁에는 생전에 사랑했던 사람들의 석상들이 올망졸망 서 있었다. 기록에 따르면 첫번째 석상 왼쪽 다리 곁에 서 있는 5미터 높이의 작은 석상은 왕비 네페르타리이고 오른쪽 다리 곁은 어머니 무투야, 그리고 앞에 있는 또 다른 작은 석상은 왕자 아벤히르콥세핀이라 한다.

그 밖에도 차례로 공주 벤탄타, 네베타위, 베케무트, 네페르타리와 왕자 리암메세스 등의 이름이 보였다. 백 명 가까운 자녀를

◀ **4개의 람세스 2세 거상과 그 다리 사이에
가족상이 세워진 아부심벨 대신전 입구**

둔 다산(多産)의 왕이고 보면 여기에 이름이 오른 공주와 왕자들은 특별한 은총을 입은 이들이라고 아니할 수 없다. 또 왕비 네페르타리와 어머니 무투야가 두 번씩 서 있는 걸 보면 전생의 잔인성과는 달리 왕은 꽤나 자상한 가장에 효자이기도 했던 모양이다.

둘씩 갈라 앉은 람세스 2세의 석상 사이로 난 신전 문으로 들어선다. 원래 신전은 바위산을 깎아 만든 석굴신전이었는데 수몰을 피해 65미터 높은 곳으로 옮기면서 그와 같은 인조산 안쪽이 바로 신전이 되는 형태가 되었다.

비참한 전쟁 묘사

신전문으로 들어가는 양쪽 석벽은 거의 양식화된 부조들로 채워져 있었다. 곧 줄줄이 목이 엮인 포로들의 행렬과 정복한 나라나 도시의 이름이 적힌 히에로글리프(hieroglyph)였다. 그 부조가 끝나는 곳에 육중한 목조 신전문이 있는데 평소에는 잠가 두는지 관리인이 열쇠로 열어 주었다.

안이 어두워 불을 켜자 역시 너무도 유명해 우리에게 익숙한 부조들이 현란하게 살아났다. 먼저 눈길을 끄는 것은 북쪽 벽에 있는 '카데시의 싸움'을 묘사한 채색 각화(刻畵)였다. 전차를 몰

아부심벨 대신전 안에 그려진 히타이트와의 카데시 전투에서
전차탄 모습으로 활을 쏘는 람세스 2세 ▶

고 용맹을 떨치는 왕과 용감한 이집트 군사들, 그리고 비참하게 쓰러진 히타이트 군사들…, 람세스 2세는 아마도 '카데시 싸움'의 승리를 자신의 군사적 영광의 절정으로 친 듯하다.

사실 이집트가 아닌 다른 쪽에는 '카데시의 싸움'에 대해 이집트군의 압도적이고도 일방적인 승리를 증언하는 기록이 보이지 않는다. 어떤 학자들은 이집트가 겨우 참패나 면했다고 보는 편이 옳다고 단언하기도 한다. 하지만 람세스 2세가 맞아 싸운 히타이트는 당시 우수한 철제 무기로 오리엔트 세계를 석권하던 신흥제국이었다. 어쨌든 그 히타이트가 '카데시의 싸움' 이후에는 서진(西進)을 멈추었다는 점만으로도 람세스 2세의 군사적 승리는 결코 과소평가되어서 안된다.

그 다음으로 눈에 띄는 것은 남쪽 벽의 또 다른 유명한 그림, 왕의 누비아 정벌도이다. 왕은 곤봉으로 누비아인을 치고, 머리 곱슬곱슬한 누비아인들은 쓰러져 있는데 왕의 모습은 용맹스럽기보다는 차라리 표한(剽悍)스럽다. 이어 리비아인과의 싸움, 시리아에서의 또 다른 싸움.

오시리스 신의 형상을 한 람세스 2세의 입상이
아부심벨 대신전 지성소를 중심으로 4기씩 세워져 있다

이전 뒤 원형훼손

여덟 개의 거대한 기둥이 받치고 있는 주실(主室)의 벽화 구경을 마치고 네 개의 작은 기둥이 받치는 두번째 방으로 들어간다. 그 안쪽 끝에 작은 석실이 있다. 이 신전에서는 지성소(至聖所)가 된다. 그 안에는 네 개의 신상이 모셔져 있는데 당대 가장 유력한 신들이었다. 곧 멤피스의 프타, 테베의 아문 라, 헬리오폴리스의 라 하라크티, 그리고 신격화된 람세스 2세 자신이다. 놓인 순서로 보면 왼면에서 세번째가 바로 왕의 신상이 된다.

원래 그 방은 대신전의 지성소답게 특별한 설계로 지어졌다고 한다. 나일 동쪽 언덕의 지평선에서 떠오르는 해가 일년에 두 번씩 왕의 거대한 석상을 기둥으로 삼는 주실과 다시 작은 기둥들로 떠받쳐진 두번째 방을 지난 뒤 그 깊숙한 지성소까지 이르러 거기 있는 네 개의 신상을 비추게 되어 있었다는 것이다. 그것도 특히 왕의 신상을 정면으로 비추게 되어 있었는데 유네스코가 이전작업을 할 때 제대로 그 설계를 살리지 못해 이제는 햇빛이 들어오지 않는다는 말이 있었다.

그런데 재미있는 것은 람세스 2세 생전에 이미 그 지성소에서 왕 자신의 주관으로 제례가 있었다는 점이다. 살아 있는 왕이 이미 신이 되어 있는 자신에게 제물을 봉헌하는 심정은 어땠을까.

그의 끝을 모르는 허영이 더 강하게 의식한 것은 영원과의 싸움이었을까. 당대인들의 절대적인 복종이었을까.

지성소를 떠난 우리는 주실 옆면에 있는 작은 방들을 차례로 둘러보았다. 마스타바 분묘나 피라미드의 벽화에서 죽음과 명계 부문을 뺀 것 같은 벽화들. 신과 인간이 함께 어우러져 사는 이집트 특유의 공간이 거기서도 대여섯 번인가 반복되고 있었다.

이제는 현저하게 줄어든 감동으로 그런 방들을 건성으로 돌아보고 나오니 어느새 황혼이었다. 불그레해진 하늘을 보고 우리는 비로소 바빠지기 시작했다. 사실 아부심벨에는 하나의 신전만 있는 것이 아니었다. 우리가 방금 본, 널리 알려진 대신전 외에 그것과 동시대에 지어진 작은 신전 하나가 더 있었다.

아부심벨 ② 나세르 호수의 달

아내에 바친 람세스 2세 신전

람세스 2세의 대신전을 둘러보고 다시 그가 왕비 네페르타리를 위해 세웠다는 작은 신전으로 발길을 옮겼을 때는 어느새 날이 저물어오고 있었다. 왕비의 신전은 대신전과 맞붙어 있다 할 만큼 가까웠으나 워낙 신전들의 규모가 있어 두 신전의 입구는 1백 미터 넘게 떨어져 있었다.

각별한 애정 표시

대신전과 비슷한 양식으로 네페르타리의 신전 입구에도 거상(巨像)들이 앉아 있었다. 높이는 10미터쯤으로 대신전 앞에 있는 거상들의 절반이 못되었으나 갯수는 둘이 늘어 여섯 개였다. 넷은 람세스 2세의 것이고, 둘은 왕비 네페르타리의 것이었다.

어찌 보면 거기서도 람세스 2세의 인색이나 허영이 드러나는 듯하지만, 기실 자신을 위한 신전을 가진 이집트의 왕비들은 흔치 않다. 규모로는 디에르 엘 바흐리에 있는 하트세프수트여왕의 신전이 가장 크지만 그것은 여왕 자신이 파라오의 권위를 가지고 건립한 것이어서 성질이 좀 다르다. 거기다가 그 신전은 그녀의 사후 투트모스 3세에 의해 변조되어 끝내 그녀의 것으로 남지도 못했다.

남편인 왕이 지어준 왕비의 신전은 아메노피스 3세가 그의 왕비 티이를 위해 세데인가에 지은 신전 이 아부심벨에 있는 이 네페르타리의 신전 외에는 거의 유일한 예가 된다. 따라서 아내를 위해 신전을 지어주었다는 그 자체가 여간 대단한 정성이요, 애정의 표시가 아닐 수 없다.

람세스 2세가 정비(正妃) 네페르타리, 무트신이 사랑하는 이를 위해 산을 깎아내고 불멸의 공법으로 이 신전을 지었다. 네페르타리, 태양은 영원히 그녀를 위해 빛나리라.

람세스 2세가 정비(正妃) 네페르타리,
무트신이 사랑하는 이를 위해 산을 깎아내고 불멸의 공법으로 이 신전을 지었다. 네페르타리, 태양은 영원히 그녀를 위해 빛나리라.

거상 앞에 대강 그런 뜻으로 새겨진 신성문자까지 있어 잠시 네페르타리에 관해 알아보고 지나가기로 했다.

람세스 2세에게는 최소 여섯 명의 정비(正妃)가 있었고, 그 밖에도 여러 후궁들이 있었던 것으로 알려져 있다. 왕자와 공주가 1백 명이 넘었다는 것도 그 한 근거가 된다. 네페르타리는 그런 정비들 중에서도 가장 높은 위치였다. 그 밖에 정비의 이름으로 이스트노프레트와 헨트미레의 이름이 보이는데 네페르타리의 경쟁상대는 못되었던 듯하다.

◀ 람세스 2세의 왕비 네페르타리를 위한 아부심벨 소신전 입구의 왕과 왕비상

 헨트미레는 람세스 2세의 누이동생으로 왕위 계승권의 지분을 가져 근친결혼을 하게 된 경우인데 그녀의 존재는 현재 카이로 박물관에 있는 석관과 두어 개의 작은 석상으로만 알려져 있다. 그런 헨트미레에 비해 이스트노프레트는 서열 2위의 왕비로서 둘째 왕자와 맏공주를 낳았으며, 왕위를 계승한 것도 그녀의 아들이다. 그러나 그녀 역시 공적인 역할은 미미했던 듯, 그녀를 기념하는 건축이나 비석은 별로 많지 않다.

 그들에 비해 네페르타리는 람세스 2세의 즉위 초부터 여러 곳에서 함께 나타난다. 카르나크, 룩소르뿐만 아니라 아비도스며 라메시움에 이르기까지 곳곳에 기념물을 남기고 있다. 그런데 알 수 없는 일은 그토록 총애를 받은 왕비 네페르타리에 대해 알려진 게 별로 없다는 점이다. 출신도 배경도 기록된 게 없고 다만 맏왕자를 낳았다는 것만 알려져 있다. 예쁘고 우아하고 매력적이었다는 기록이 있으나 그것은 왕의 유별난 총애와 남아 있는 그녀의 석상들로 추정된 것에 가까워 보인다.

출신-배경기록 없어

왕과 왕비의 거상들 곁에는 대신전처럼 왕자와 공주들의 석상이 역시 줄지어 서 있었다. 규모가 적고 마모가 심했으나 숫자는 늘

어난 듯했다. 그 거상들을 보고 있는데 벌써 외등이 들어왔다. 정면에서 거상들을 비추는 형태로 설치되어 있는 서치라이트형의 등이었는데 그 불빛을 받으니 거상들이 한층 인상깊게 보였다.

투덜거리는 관리인을 달래 이미 어두워진 신전 안으로 들어가 보았다. 안의 규모는 모든 게 대신전의 3분의 1에도 못 미치고, 복원작업도 신통치 못했다. 어떤 방은 현재 복원작업중이어서 아예 공개되지 않고 있었다. 원래 하토르신과 왕비에게 나란히 바쳐진 것이라 '하토르의 암소'가 왕을 보호한다는 내용의 부조가 조금 인상적이었을까, 그 밖에는 기억할 만한 게 그리 많지 않았다. 그래도 들어온 김이라 사진만 몇 장 급하게 찍고 밖으로 나왔다.

수박 겉핥기가 되든 말든 두 신전을 다 둘러본 우리가 신전 앞뜰에 있는 벤치에서 잠시 쉬고 있는데 낭패스런 일이 벌어졌다. 관리인이 무정하게도 외등을 꺼버린 것이었다. 일순 어둠과 정적이 사방을 뒤덮어 우리는 잠시 아득해졌다. 어둡고 낯선 세계에 갑자기 내팽개쳐진 느낌이었다. 그런데 우리를 그 아득함에서 구해 준 게 달이었다. 한쪽이 훤해지는 느낌이 들어 그 쪽을 보니 엷은 밤안개가 이는 나세르 호수 위에 조각달이 높이 솟아 있었다. 몇 백 킬로미터 사막을 달려온 끝에 만난 호수에다, 어디서도

이집트 여인들이 장례식에서 우는 모습을 그린
아켄아톤 왕의 재상 라모스의 무덤 벽화 ▶

달라질 리 없는 초승달을 쳐다보니 새삼 나그네의 감회가 일었다. 하지만 오래 감회에 젖어 있을 여유는 없었다. 우리에게는 돌아가야 할 먼길이 남아 있었고, 그러기 위해서는 먼저 처리해야 할 현실이 있었다. 그 중에 가장 급한 것은 부실한 점심 때문에 평소보다 무게가 훨씬 더해진 저녁식사를 해결하는 일이었다. 마땅히 사먹을 만한 식당이 근처에 없다는 것은 이미 오면서 확인한 바였고, 우리는 또 그걸 예상해 취사도구까지 준비해 온 터였다.

흰바다 같은 사막

아무도 없는 낯선 호숫가에서 희미한 달빛에 의지해 저녁식사를 준비하는 처량함이란. 시원찮은 버너의 화력은 공연히 사람을 성급하게 만들고, 어둠은 양념의 종류나 양을 잘 분간할 수 없게 해 요리를 더욱 엉망으로 만들었다. 그런 동양인들을 딱하게 여겼던지 관리인이 다시 와서 외등 몇을 켜주었으나 그때는 이미 때가 늦어 모든 게 뒤죽박죽이 된 뒤였다.

돌아가야 할 삼백 킬로미터의 사막길과 벌써 몇 시간째 바깥 광장에서 기다리고 있을 운전수의 말없는 재촉에 설었는지 끓었는지조차 모르는 밥과 국을 입으로 들어가는지 코로 들어가는지

조차 분간하지 못하며 떠 넣고 차로 돌아가니 벌써 아홉 시가 넘어 있었다. 마음먹고 달린다 해도 자정 전에는 아스완으로 돌아가기 힘든 시간이었다.

언제 다시 돌아오게 될지 모르는 아부심벨 신전과 나세르 호수에 급한 작별을 하고 사막 길을 되짚어 달리다 보니 차창 밖으로 초승달이 따라오고 있었다. 달빛을 반사하는 사막이 희고 끝없는 바다처럼 느껴졌다. 거기다 낮에는 보이지 않던 사막 속의 이런 저런 불빛들은 먼 등대와 같은 정취를 자아냈다. 군사시설이나 작은 부락의 외등 혹은 노숙하는 베두인들의 모닥불빛이리라.

우리가 아스완으로 되돌아온 것은 자정이 넘어서였다. 이시스 섬으로 가는 선착장에서 우리를 건네줄 거룻배를 기다리는데 나세르 호수의 달은 거기까지 따라와 이제는 유유히 흐르는 나일의 물결을 비치고 있었다.

아마도 우리보다 몇 시간 앞서 나세르 호수를 출발한 물줄기였을 것이다.

고대문명의 종장 필래 신전

로마가 못 건드린 왕조문화

고대 이집트 석공술을 보여주는
아스완 북부 채석장의 자르다 만 오벨리스크 ▶

열주장식은 로마식

아부심벨을 다녀온 여독이 풀리기도 전에 필래 신전을 찾아 나선다. 원래 필래는 '라아의(시간의) 섬'이란 뜻을 지닌 섬의 이름이었으나 이제는 그 섬이 물에 잠겨 위쪽으로 옮겨진 신전들을 총칭하는 이름이 되었다.

필래 신전으로 가는 길에 먼저 아스완 하이댐을 둘러보았다. 옛 필래섬의 신전을 해체해 재건축하게 만든 장본인을 먼저 만나본 셈이다. 아스완에는 원래 왕조시대의 작은 댐이 있었으나 나세르가 그 상류에 소련의 지원을 받아 세계 최대의 댐을 다시 막았는데 그게 오늘날의 하이댐이다.

아스완을 찾는 사람들에게는 그 하이댐 또한 빼놓지 못할 명소가 되어 있고, 이집트인들도 자부심을 가지고 내보이는 곳인 듯했지만, 근래 들어 댐이라면 국내에서도 흔하게 보아온 터라 우리에게 새삼 감탄스러울 것은 별로 없었다.

전날 다녀온 아부심벨도, 이제 찾아갈 필래도 그 댐 때문에 옮겨앉아야 했다는 데서 절로 규모가 짐작될 것이다. 어떤 감회가 있다면 그게 어린 시절 신화처럼 그 이름을 들었던 나세르란 풍운아가 남긴 걸작이란 점에서 느끼는 무상함 정도일까.

아스완 하이댐에서 필래 신전까지는 직선으로 그리 멀지 않은

곳이었으나 관광객을 위한 선착장으로 가기 위해서는 꽤 먼길을 두르지 않을 수 없었다. 벌건 모래산도 넘고, 고대에 포장되었다는 길도 지나치면서 선착장에 이르니 필래로 가는 나룻배들이 관광객을 싣고 줄지어 떠나고 있었다. 아스완에 온 이래 처음으로 관광지다운 관광지에 이른 느낌이었다. 기다릴 것도 없이 몇몇 외국인이 미리 앉아 있는 나룻배에 올라타자 배는 곧 바다와도 같은 나세르 호수 위를 달렸다. 양편으로 나지막한 바위산들이 막혀 있고, 멀지 않은 곳에는 또 섬들이 군데군데 솟아 있으나, 묘하게도 광활하다는 느낌을 주는 인공호였다.

시원한 호수바람을 가르며 제법 오랜 시간을 달린 배가 우리를 내려준 곳은 섬 남쪽, 흔히 '넥타네보 1세의 방'이라 불리는 건축물 가까운 선착장이었다. 계단을 오르자 광장 같은 곳이 나오고 동쪽으로 열주(列柱)들이 주욱 늘어서 있었다. 그런데 낯설게도 그 열주의 장식들은 로마식이었다.

그제야 필래 신전의 연혁에 주의가 쏠려 안내인에게 물어보니 그곳의 건축물들은 일러야 신왕국 말기의 것이고, 늦은 것은 기원후 3~4세기 로마시대의 것도 있다 한다. 이제 나일을 타고 북상하려는 출발점에서 우연히도 우리는 고대문명의 종장에 해당되는 유적부터 찾게 된 셈이었다.

그런 점을 강조하듯이 가장 먼저 눈에 띄는 것은 열주 동쪽에 있는 아렌스누피스와 만둘리스의 신전이었다. 둘 다 누비아인들의 신(神)들로, 신왕국 말기에 잠시 들어섰던 누비아인들의 왕조와 연관이 있는 듯한데 규모는 그리 대단하지 않았다. 그 신전을 지나자 동쪽으로도 열주가 나타났다. 노천에 드러난 열주 형식은 또 처음이라 그 규모가 주는 위압감은 대단했다. 그리스 로마의 열주에 비해 길이가 짧은 탓에 굵기가 한층 강조되는 듯했다. 열주의 높이가

그 땅에 자신의 왕조를 연 그리스인들도 그랬지만 직접 지배한 로마인들까지도 기이할 만큼 이집트의 전통문화와 종교에 관대함을 보이고 있다. 모든 제도 관습을 고스란히 유지시키며 파라오의 자리에만 자신들이 슬그머니 앉아 있는 모습이다. 그리하여 이집트 고대신들의 총애와 보호까지 물려받아 이집트인들을 다스리고 있는 것이다.

낮은 것은 재료가 되는 석질의 문제가 아닌가 싶었다. 석회암이나 사암 종류로는 어지간한 굵기가 아니면 열주를 높이 세우기가 어려울 것이다.

고도 통치술 짐작

동쪽 열주가 끝나는 곳에 다시 흥미로운 신전 하나가 나타났다. 바로 임호텝의 신전이었다. 임호텝은 3왕조 조세르왕의 재상으로

◀ 의술의 신으로 신격화된 임호텝의
의료기구들. 칼, 가위, 집게 등
오늘날의 것과 유사하다

필래 신전 두번째 탑문 전면에 새겨진
이시스 신(왼쪽)과 호루스 신. 호루스는
이시스와 오시리스 신의 아들로 전해진다 ▶

그 피라미드를 설계해 유명하다. 파라오가 아닌 사람으로 신격화된 유일한 예인데, 그곳에서는 건축술보다는 의술(醫術)의 신(神)으로 숭앙받고 있었다.

임호텝의 신전 북쪽 벽에 그가 쓰던 고대의 의료기구들이 빽빽하게 새겨져 눈길을 끌었다. 수술용 칼이며, 의료용 가위, 집게 등이 수십 가지 그려져 있었는데, 오늘날의 서양 의료기구들과 그 형태의 유사함이 놀라울 정도였다. 임호텝은 서양의 의성 히포크라테스보다 2천 년 이상을 앞서 산 사람이고, 그 의료기구들이 그려진 시기도 히포크라테스 이전으로 보여 잠시 서양 의술의 진정한 고향이 어딘지 생각해 보게 했다.

임호텝 신전을 지나자 첫번째 탑문(塔門)이 나오고 이어 두번째 탑문을 지나자 필래에서 가장 중심이 되는 이시스 신전이 나왔다. 필래섬에서 멀지 않은 비가섬이 오시리스의 시체 조각이 던져져 있었던 성소들 중 하나였다는 것과 연관이 있어 보였.

세트가 토막을 내 이집트 이곳 저곳에 흩어버린 남편 오시리스의 시체를 거두면서 거기까지 이른 이시스가 비탄에 젖어 눈물을 흘린 자리에 세워진 신전일지도 모른다.

신전의 규모는 나중 다른 곳에서 보게 될 대신전들보다는 작았지만 처음 그곳을 찾는 나그네를 위압하기에는 충분했다. 거기

다가 신전 지붕 위에 따로 오시리스에게 바쳐진 예배실이 있는 형식도 특이했다. 그러나 그 신전의 장식이나 조각들은 역시 그리스와 로마인들이 도래한 뒤의 것이었다. 정확하게는 프톨레미 왕조 말기와 로마지배 초기의 것이라 하는데 충실하게 이집트의 고대 양식을 따르고 있는 것으로, 그리스 로마인들의 고도한 이집트 통치술을 짐작할 수 있게 했다.

그 땅에 자신의 왕조를 연 그리스인들도 그랬지만 직접 지배한 로마인들까지도 기이할 만큼 이집트의 전통문화와 종교에 관대함을 보이고 있다. 모든 제도 관습을 고스란히 유지시키며 파라오의 자리에만 자신들이 슬그머니 앉아 있는 모습이다. 그리하여 이집트 고대신들의 총애와 보호까지 물려받아 이집트인들을 다스리고 있는 것이다.

물론 그러한 방식은 그들의 고도한 통치기술일 수도 있지만 어쩔 수 없는 선택이었을 수도 있다. 정치적, 군사적인 우월로 통치권을 획득했지만 문화만은 이집트를 압도할 길이 없어 오히려 편승하려 한 것은 아니었을까. 중국을 차지했던 이민족의 왕조가 예외없이 한화(漢化)되었듯 그리스 로마인들도 이집트화밖에는 달리 통치의 길을 찾지 못해서는 아닐까.

나일수량측정표(標)

그런 추론을 어느 정도 뒷받침해 주는 것이 유스티아누스제(帝) 시절에야 그곳에 내려지는 이교(異教)의식의 금지령이다. 기독교를 국교로 삼고 그 발달된 논리와 의식으로 무장하고서야 비로소 로마인들이 이집트의 신앙체계를 억누를 자신을 얻은 것이나 아닌지.

이시스 신전 서편으로는 이른바 '하드리아누스의 문'이란 탑문이 있고 옛 부두가 나온다. 그러나 별 특징 없는 로마시대의 건조물이라 그냥 지나쳐 옛날 양수표(量水標)가 남아 있다는 지하로 내려갔다. 거기서 측정된 나일의 수량으로 흉풍을 헤아리고 세금을 거둬들였다고 한다.

그 밖에 필래의 유적들은 이시스 신전 동쪽에 서 있는 작은 하토르 신전을 빼면 나머지는 모두가 그리스와 로마시대의 건조물들이다. 섬 북쪽에 있는 신격화된 로마 황제 오거스투스의 신전이며, 초기 기독교 교회였다는 건물 흔적에, 트라야누스 황제의 터키적 정자 같은 게 그러하다. 하지만 그것들은 이미 우리의 관심의 대상이 아니다. 그것들이 거기 있어 하는 일이 있다면 그것은 다만 종장으로 다가서는 이집트 고대문명의 우울한 배경으로 서일 뿐이다.

악어신 위한 사원 콤옴보

침략의 흔적 '파라오차림 로마왕'

아스완을 떠나기 전에 탐사라기보다는 휴식에 가까운 뱃놀이 삼아 엘레판티네섬을 돌아보았다. 그곳 특유의 높고 흰 돛을 단 나일 돛배를 세내어 느긋하게 그 섬을 둘러보기로 한 것이었다.

기실 엘레판티네는 아스완에서는 지나칠 수 없는 유적지의 하나이다. 상이집트 첫번째 노모스[州]의 수도로서, 그리고 고왕국 이전 시대부터 개척된 오래된 도시로서 적지 않은 유물들이 남아 있는 곳이기 때문이다. 이를테면 크눔의 신전도 있고, 아메노피스 3세의 신전도 있으며, 미완성의 오벨리스크나 석상들도 흩어져 있다고 한다.

그러나 그 어느 것도 온전한 형태로 남아 있는 것은 없고, 그나마 많은 곳은 사유지가 들어서 탐사가 쉽지 않다는 게 안내인의 말이었다. 따라서 귀찮기만 하고 이렇다할 볼거리는 없는 곳을 힘들여 돌아다니기보다는 배를 타고 섬이나 한바퀴 돌면서 개관이나 살펴보자는 결정을 하게 되었다.

날씨는 여전히 우리의 한여름을 넘는 더위였지만 배에 올라 시원한 강바람을 쐬니 한결 견딜 만했다. 우리는 사공에게 되도록 배를 천천히 몰게 해 호텔이 있는 이시스섬에서 멀지 않은 엘레판티네로 나일강을 타고 내려갔다. 비록 상류에 아스완댐이 막혀 예전보다 수량이 줄기는 했으나 엘레판티네 주변은 강이라기보다는 호수에 가까운 느낌을 주었다.

엘레판티네는 그 강 가운데 있는 여러 개의 섬 중에서 세넬섬 다음으로 큰 섬이었다. 섬은 남북으로 길쭉한 고구마 모양인데 뜨거운 햇볕과 넉넉한 수분 덕분에 섬 주위는 대개 열대성 식물로 뒤덮여 있었다. 정확한 넓이를 가늠할 수는 없었으나 고대도시 하나가 들어설 만한 공간은 있어 보였다.

희랍 왕조에 의해 세워진 신전이건만 한 군데 석벽에는 역시 이집트의 파라오 차림을 한 로마황제 티베리우스의 모습이 새겨져 있고, 그 곁의 카르투시 안에도 이집트 문자로 된 티베리우스의 이름이 있었다. 희랍인보다 뒤에 온 로마의 권력자가 이제는 희랍인들의 자리를 빼앗아 자신의 영광을 드러내고 있는 셈이었다.

암벽동굴무덤 산재

원래 우리의 계획은 배를 타고 돌다가 그럴싸해 보이는 유적지가 있으면 잠시 그곳에 배를 대고 한 번 돌아본다는 것이었다. 하지만 적어도 섬 밖에서는 눈길을 끄는 곳이 거의 없는 데다 배를 댈 곳조차 흔하지 않았다. 기껏해야 원주민들의 초라한 움막이 있는 곳이거나 삼엄하게 축조된 개인별장의 선착장이 고작이어서 결국 섬에 배를 대기는 포기하고 대신 나일 서쪽 언덕에 있는 암벽동굴 무덤 하나를 둘러보는 것으로 엘레판티네 일주를 끝내고 말았다. 석회암 바위산을 파고들어가 설치된 그 무덤은 6

왕조에 의해 그곳으로 파견되었던 지방장관 부자의 무덤이었다. 전에는 관광객들에게 관람이 허락되고 관리인도 나와 있었던 듯하나 이제는 찾는 사람이 없어서인지 무덤 입구가 봉쇄되어 있었다.

배의 돛그늘에서 벗어나 뜨거운 햇볕 아래 가파른 돌계단을 1백 미터 가까이 오르며 쏟은 땀이 아까워 출입구를 막아둔 창살 사이로 안을 들여다보았다. 그런 형식의 무덤은 또 처음이라 안쪽에 들어선 돌기둥이며 희미하게 비치는 벽화들이 꽤나 인상적이었다.

다시 배로 내려오면서 느낀 솔직한 감정은 이집트 정부가 귀중한 문화유산을 방치하고 있다는 비난에 가까운 것이었다. 그러다가 그 뒤 다시 엘캅과 베니하산을 돌아보면서 비로소 그와 같은 방치의 이유를 깨달을 수 있었다.

그 두 곳에 무더기로 모여 있는 암벽무덤만을 다 돌아보기에도 지루할 정도였기 때문이다. 우리가 나일 상류에서 내려오는 여정을 취해서 그렇지 만약 하류에서 거슬러 올라와 베니하산과 엘캅을 들른 뒤에 그곳에 이르렀다면 아마도 뙤약볕 속에 바위산을 기어오르는 수고조차 않으려 들었을 것이다.

석주 윗부분이 잘려나간 채 복원공사중인
악어신을 위한 콤옴보 신전 ▶

교묘한 통치술 느껴

그야말로 주마간산(走馬看山) 격으로 엘레판티네를 돌아본 다음 날 우리는 드디어 그 며칠 기지로 삼았던 아스완을 떠나 북상길에 올랐다. 이제 본격적으로 나일을 거슬러 올라가면서 강을 따라 늘어서 있는 고대문명의 유적들을 찾아 나서는 셈이었다. 첫 날 우리가 목적지로 삼은 곳은 아스완에서 차로 한 시간 남짓 거리의 북쪽에 있는 콤옴보 사원이었다.

묘하게도 북쪽에서 여행을 시작하면 유적들의 연대가 역사적인 순서와 일치하듯이 남쪽에서 시작하면 그 역순(逆順)이 되었다. 콤옴보의 신전은 필래보다 조금 앞서는 프톨레미 왕조시대의 것이었기 때문이다.

물론 콤옴보 지역에 사람이 거주한 것은 아득한 옛적부터이고, 도시나 신전이 들어선 것도 그보다는 오래된 것으로 알려져 있다. 실제로도 프랑스의 학자 샹폴레옹은 18왕조의 유물 부스러기를 찾아내기도 했다고 한다. 하지만 적어도 지금 서 있는 신전은 프톨레미시대의 것으로서, 완성된 것은 주로 프톨레미 12세 때라고 되어 있다.

필래에서와 마찬가지로 콤옴보에서도 먼저 느끼게 되는 것은 희랍인들의 교묘한 통치술이었다. 신전이 축조된 것은 희랍인들

의 통치시대였고, 축조를 명한 것은 희랍인이며, 일한 사람들 중에서도 희랍인들이 섞여 있었을 법하건만 신통하게도 신전벽을 뒤덮고 있는 문자들 사이에서는 희랍문자의 철자 하나 찾아볼 수가 없었다. 모든 것은 이집트의 양식을 따르고 카르투시 안에 있는 왕의 이름만 희랍인의 이름으로 바뀌어 있었을 뿐이었다.

재미있는 것은 그 벽화들을 훑어보는 사이에 느끼게 되는 권력의 흐름이었다. 희랍 왕조에 의해 세워진 신전이건만 한 군데 석벽에는 역시 이집트의 파라오 차림을 한 로마황제 티베리우스의 모습이 새겨져 있고, 그 곁의 카르투시 안에도 이집트 문자로 된 티베리우스의 이름이 있었다. 희랍인보다 뒤에 온 로마의 권력자가 이제는 희랍인들의 자리를 빼앗아 자신의 영광을 드러내고 있는 셈이었다. 신전의 규모는 나중에 둘러보게 될 룩소르의 신전들에 비하면 초라한 느낌이 들 만큼 작았다. 그러나 그것은 어디까지나 나중의 일이고 아직 필래밖에 본 적이 없는 우리 일행에게는 그 정도로도 충분히 위압을 느낄 만했다. 훼손의 정도가 더 심해 그렇지 원형은 필래의 신전보다 규모가 컸을 것으로 짐작됐다.

석실엔 악어 미이라

콤옴보의 신전에 모셔진 신은 두 종류의 삼위신(三位神)이었다. 곧 소벡, 하토르, 크혼스와 하로에리스, 타세노트프레트, 파넵타위가 그들이다.

그 중에서도 뒤의 셋은 신전 축조 당시에 인위적으로 만들어진 신들인 성싶고, 앞의 셋 중에서도 주신은 아무래도 악어의 신인 소벡 같았다. 훼손된 석벽에 새겨진 신상도 악어의 머리를 한 소벡이 맨 먼저 서 있고, 신전 한편 석실에는 악어의 미이라들이 모셔져 있었다.

그곳의 기록이 진실이라면 그 악어의 미이라들은 2천 년 이상의 세월을 견뎌온 셈이었다. 그런데도 유리관 속에 보존된 어떤 것은 그리 오래되지 않은 악어의 박제 같은 느낌을 주었다. 미이라로 만들 경우 생체 때보다 크기가 줄어드는 것을 감안해 보면 당시의 악어들은 요즘보다 컸거나 특히 큰놈만을 잡아서 미이라로 만든 듯했다.

열주들과 회랑을 지나 제일 안쪽 지성소까지 둘러보고 다시 신전 앞뜰로 나오니 시원한 나일의 강바람이 그 동안에 솟은 땀을 씻어주었다. 아스완에서 멀어진 덕분에 그만큼 습기가 줄어서인지 그늘에 앉으니 아주 시원했다.

원래 신전 내벽 밖으로도 넓은 광장이 있었다고 하나 나일의 홍수에 씻겨 나가 이제는 내벽 밖이 바로 강가였다. 흔하다는 연꽃은 찾아볼 길이 없고 키 낮은 갈대만 무성했다. 그 신전이 한낱 돌더미로 변한 뒤에도 다함없이 흐를 나일 강물에 발을 담그고 허물어지다 남은 신전을 올려다보니 인간의 자취가 무상함이 새삼 서글픈 감회로 다가들었다.

감동과 압도, 에드푸 신전

웅장한 탑문 – 꽉찬 부조 '절로 감탄'

콤옴보를 떠나 다시 북상길에 오른다. 상이집트의 나일강은 메마른 사막 가운데를 한 줄기 여린 생명의 띠처럼 흐르고, 그 강을 따라 난 도로 주변의 풍경은 삭막하고 외롭기 그지없다. 강가의 습지에 돋은 갈대나 풍성하지 못한 종려나무숲이 유일한 생명의 빛이고, 어쩌다 사탕수수를 심은 경작지가 있어도 그 폭은 한심한 느낌이 들 정도로 좁았다. 그리고는 뜨겁게 달구어진 돌산이거나 하얗게 반짝이는 사막이 양편으로 끝없이 펼쳐져 있을 뿐이었다. 그런데 콤옴보를 떠난 지 1시간이 가까워지면서 그런 주위의 경물은 변하기 시작했다. 조금씩 초원과 경작지가 넓어지면서 사람의 그림자가 간간이 비쳐왔다. 인간이 깃들일 만한 생명의 들판이 열리고 있는 느낌이었다.

에드푸는 콤옴보와 룩소르의 중간쯤에 있는 지역으로, 바로 그렇게 발달한 강 유역의 생산력에 의지해 이미 고왕국 때부터 사람들이 거주해 온 오래된 땅이라고 한다. 간간이 비치던 사람의 그림자는 이어 잘 관리된 사탕수수밭으로, 작은 농촌 마을로 자라가더니 마침내는 끝이 보이지 않는 푸른 들판과 그 사이에 자리잡은 꽤 큰 도회의 모습으로 다가왔다.

아부심벨에서 콤옴보까지 상이집트의 유적들은 대개 사람들의 도시에서 벗어난 곳에 있었다. 사람의 안목이란 게 묘해서 우리

는 이번에도 돌아볼 유적이 그런 도시에서는 좀 벗어난 곳에 있을 걸로 지레 짐작했다. 이미 유적지 위에 동네가 들어서고 도시 한가운데 신전이 끼여 있는 하이집트를 돌아본 뒤였건만 그 며칠 상이집트에서의 경험이 그런 단정을 하게 만든 것이었다. 그러나 안내인은 우리가 탄 차를 시가 한가운데로 이끌었다. 아랍풍의 낡고 지저분한 건물들이 줄지어선 거리와, 살이의 신산스러움과 활기가 함께 어우러진 시장통을 지나면서 우리는 마치 카이로 외곽도시로 되돌아간 듯한 느낌을 받았다.

규모의 위압에서 겨우 벗어난 눈길에 비로소 기둥 위쪽의 장식이 들어오고 그 다양한 양식에서 고대문명 후기의 종합과 절충이 느껴져 왔다. 상하이집트를 상징하는 연꽃과 파피루스가 번갈아 쓰이고 있고, 어떤 것은 아예 한 장식에서 연꽃과 파피루스가 결합되어 있기도 했다.

도시속 위치 특이

에드푸 신전은 그렇게 가로지른 그 도시의 동남쪽 끄트머리에 있었다. 차 속에서 우리가 찾아가는 곳이 프톨레미왕조 시절의 사원이라는 말에 처음 우리는 솔직히 실망했다. 이미 콤옴보에서 그 시대의 것은 보았으므로 그보다 더 오래된 유적을 찾게 될 것을 희망하고 있었기 때문이었다.

◀ 보존상태가 좋아 특히 외벽이 아름다운 에드푸 신전

하지만 차가 신전 북쪽의 공터에 멈춰 서고 차에서 내려 한 번 신전의 위용을 바라본 순간 그런 실망은 깨끗이 사라졌다. 재료로 쓴 석질이 붉은 색의 사암이거나 햇볕과 바람에 삭은 석회암이어서 왠지 흙벽돌로 지은 건물 같은 느낌을 주기는 했지만 그 규모 하나만으로도 보는 이를 압도하기에는 넉넉했다. 필래나 콤 옴보와는 비교도 안될 높이와 크기였다. 냉방이 잘된 쾌적한 차 안에서 갑자기 모닥불 가에라도 다가선 듯한 느낌이 들 정도로 뜨거운 햇볕 아래로 끌려나온 불쾌감마저 잊었을 정도였다.

나중에 룩소르에 가서야 우리는 그때의 감정이 다분히 과장된 것이었음을 깨닫게 되지만 실은 그게 하나도 이상할 게 없었다. 에드푸 신전은 이집트의 여러 신전 중에서도 그 보존상태가 가장 완벽한 것인데다 규모도 큰 편이어서, 규모가 작은 편인 필래나 훼손이 심한 콤옴보를 방금 보고 온 우리에게는 당연히 그렇게 비쳤을 것이다. 에드푸 신전이 그토록 보존상태가 좋은 것은 19세기까지 그것이 모래 언덕에 파묻혀 있었기 때문이라고 한다. 스핑크스의 발굴 같은 신비한 전설은 없었지만 발굴의 힘든 흔적은 신전 남쪽에 작은 산을 이루고 있는 모래 언덕으로 남아 있었다.

그리스냄새 없어

신전은 거대한 직사각형의 외벽과, 지붕 있는 열주의 본전(本殿)으로 이루어져 있었는데, 특히 사람을 압도하는 것은 남쪽 입구의 높고 웅장한 탑문이었다. 처음 북쪽 외벽의 높이만으로도 압도되었던 감정은 거의 그 3배의 높이에다 거대한 부조들로 우리를 맞는 탑문 외벽에 절로 신음 같은 감탄사를 내지르지 않을 수 없었다.

그 탑문의 기초는 람세스 3세의 것이라 하지만 신전은 이미 들은 대로 프톨레미왕조 시대의 것이었다. 문헌에 따르면 처음 짓기 시작한 것은 서기전 212년 프톨레미 3세 때였고, 건물과 내부장식이 완성된 것은 서기전 124년의 프톨레미 8세 때였다고 한다. 그러나 외벽의 조각과 장식이 끝난 것은 서기전 57년이어서 시작 때부터 완성 때까지는 거의 160년이 걸린 셈이다.

부조의 내용은 고대 파라오의 복색을 갖춘 그리스인 왕을 호루스를 비롯한 고대 이집트의 신들이 보호하고 이끈다는 것인데, 역시 그리스적인 요소는 어디에도 찾아볼 수 없었다. 나중에 카르나크에서의 기억과 대비해 보면 놀랄 만큼 완벽하게 고대 이집트의 신전을 재현해 낸 작품이었다. 탑문 석벽의 부조에서 강조되어 있듯 그곳이 호루스에게 바쳐진 신전이어서인지 안뜰에

연꽃과 파피루스 모양으로 장식된 에드푸 신전 기둥 ▶

서 신전으로 들어가는데 입구에 흑요석으로 깎은 호루스의 작은 신상이 서 있었다. 보존상태가 좋아 그것도 원래 이 신전에 있던 것이냐고 물으니까 진품은 박물관에 가 있고 그곳에 있는 것은 모조품이라고 한다. 그런데 그런 대화로 잠시 한눈을 팔다 열주 회랑으로 접어든 나는 다시 비명이라도 지르고 싶을 정도로 강한 충격을 받았다.

무심코 어둑한 실내로 들어서는 내 눈에 무슨 거대한 탑 같은 돌기둥이 땅에서 불쑥 솟은 듯이 가로막고 나섰다. 천장의 채광창으로 흘러든 빛이 돌기둥에 새겨진 채색부조를 더욱 신비하고 의미심장하게 비춘 까닭도 있지만 이번에도 충격의 중요한 원인은 그 규모였다. 어림잡아 지름 5미터는 될 듯한 돌기둥이 20미터 가까운 높이로 줄줄이 늘어서 그 못지않은 굵기의 석재로 된 천장을 받치고 있었다.

규모의 위압에서 겨우 벗어난 눈길에 비로소 기둥 위쪽의 장식이 들어오고, 그 다양한 양식에서 고대문명 후기의 종합과 절충이 느껴져 왔다. 상하이집트를 상징하는 연꽃과 파피루스가 번갈아 쓰이고 있고, 어떤 것은 아예 한 장식에서 연꽃과 파피루스가 결합되어 있기도 했다. 그리스식으로 말하자면 한 신전에서 도리스식과 코린트, 이오니아식의 기둥장식이 한꺼번에 쓰이고

◀ 지붕 채광창을 통해 스며든 빛이 신전 내부를 밝히고 있다

절충되어 있는 셈이랄까.

명암배치 인상적

그러나 에드푸 신전에서 가장 인상적이었던 것은 아무래도 기이한 명암의 배치일 것이다. 천장도 밀봉되어 있지 않고 벽에도 여러 채광창이 있었지만 신전 안의 명암은 신기하리만큼 차이가 났다. 같은 기둥이라도 어느 편은 스며든 빛으로 채색이 선명하고 어느 편은 어슴푸레해 판별하기가 어려울 지경이었다. 신전 구석구석이 서로 명암이 달라 어떤 곳은 칠흑처럼 캄캄하기도 했다. 지성소라고 기억되는데, 그곳에서는 라이터를 켜고서야 겨우 주위를 살펴볼 수 있었다.

물론 그곳의 부조들에서도 권력의 부침 같은 것은 느낄 수가 있었다. 어떤 파라오의 상이나 몇몇 신상은 끌질로 무참하게 훼손되어 있었는데 훼손자는 다른 적대적인 권력자였다는 말도 있고, 초기 기독교도 또는 나중에 온 모슬렘들이었다고도 한다. 정치적이든 종교적이든 힘을 가지게 된 인간의 꼴같잖은 행태를 보여주는 것에는 차이가 없다.

개인적인 감동의 크기나 기억의 선명함에서는 이집트에서 몇 손가락 안에 드는 곳이지만 불행하게도 고대문명 탐사의 차원에

서 보면 에드푸사원은 그리 큰 비중을 차지하지 못한다. 그래서 그곳에서 시간을 끄는 대신 역시 그 비슷한 성격의 유적지인 에스나를 그날의 일정에 하나 더 추가하게 되었는데, 그 바람에 에드푸에서의 시간은 원래의 예정보다 짧아져 일행은 눈요기에 걸신 들린 관광객들처럼 다시 서둘러 차에 올랐다.

무상의 길목, 엘캅과 에스나

수천년 뛰어넘는 18왕조 벽화 '생생'

필래, 콤옴보, 에드푸를 거치면서 갑자기 나타난 희랍인들의 왕조나 로마인들의 도래는 고대 이집트사에 밝지 못한 이들에게는 아마도 조금 의아스러울 것이다. 그 위대한 문명이 어떤 경로를 거쳐 조락하고, 외래문명의 지배 아래 놓이게 되는가. 신왕국 이후 어떤 일이 이집트에서 벌어졌는가.

신왕국이 신관(神官) 헤르호르의 찬탈에 의해 끝나는 날로부터 외래인의 왕조가 들어설 때까지의 8백 년 가까운 세월을 역사가들은 이른바 '후기왕조시대'로 구분한다. 왕조로는 21왕조부터 30왕조까지가 되는데, 이 왕조들은 대개 단명하거나 동시에 둘 이상이 병립했던 왕조들로서, 그 중에는 이미 이민족의 왕조들도 있다. 22, 23, 24왕조는 리비아인들의 지배를 받았으며, 25왕조는 누비아인 왕조였다.

외래인왕조 도래

프톨레미왕조는 페르시아를 멸망시킨 알렉산더대왕의 부장(部將) 중 한 사람이었던 프톨레마이오스 1세에 의해 세워진 왕조이다. 마케도니아 귀족 출신의 프톨레마이오스는 알렉산더가 바벨론에서 급사하자 이집트를 차지한 뒤 새로운 왕조를 열어 로마인들이 올 때까지 3백 년 가까운 세월 이집트를 지배했다.

유명한 클레오파트라는 그 프톨레미 왕조의 마지막 여왕인 클레오파트라 7세이다. 그녀는 이집트로 진출한 야심가 시저를 유혹하여 일시 자신의 왕국을 지켜냈지만 오래 가지는 못했다. 시저가 암살된 뒤 벌어진 옥타비우스와 안토니우스와의 천하쟁패에서 안토니우스와 연합했다가 악티움 해전에서 패하고 자살로 왕조와 운명을 같이했다.

에스나신전에서 가장 인상적인 것은 신전이 도시의 지면보다 9미터나 낮은 곳에 있다는 점이었다. 좁은 돌계단을 타고 내려가다 보니 마치 위가 열린 지하실로 내려가는 느낌이었다. 나일강의 하상이 퇴적물로 높아지고 그에 따른 범람으로 도시도 돋우어진 탓이라고 한다.

룩소르에 가기 전에 시간을 내어 찾아보기로 한 에스나의 신전은 에드푸와 마찬가지로 프톨레미왕조 때 세워진 것이었다. 프톨레미 6세기와 8세기가 새겨져 있다는 말로 미루어 에드푸보다 조금 늦게 세워진 듯했다. 그런데 에스나로 가는 길가에 서 있는 팻말 하나가 우리를 유혹했다. 엘캅이란 지명을 나타내는 녹색 바탕의 팻말이었다.

국도에서 벗어나 한 2백 미터도 가기 전에 첫번째 유적이 나타났다. 석회암 바위벽을 깎아 만든 농굴 무덤군(群)이었다. 우리는 마침 개방되어 있는 무덤 하나를 돌아보았다. 18왕조 때의 재상이었다는 이의 개인 무덤으로, 규모는 크지 않았으나 화벽에

◀ 덴데라 신전 외벽에 부조된 클레오파트라 상(오른쪽)

왕가 무덤양식과 크게 다르지 않게 그려진
엘 캅의 한 사제장 무덤 벽화

그려진 벽화들은 당대인의 삶을 보여주는 것으로 매우 귀중한 것들이라는 게 안내인의 설명이었다.

내용은 전에 마스타바나 피라미드 속에서 본 것들과 비슷한 내용이었으나, 당대의 삶을 그려놓은 부분은 이미 사진으로 여러 번 보아 우리 눈에 아주 익숙했다. 복원작업이 지나쳐 색상이 너무 선명한 게 오래된 유적으로서의 신빙성을 해치고는 있지만, 곡식을 베어들이고 탈곡하고 키질하고 빻는 과정을 그려둔 벽면은 수천 년의 세월을 뛰어넘는 생동감을 주었다.

지하 9미터의 신전

그 석회암 언덕에는 그 외에도 여러 개의 특징있는 벽화를 가진 동굴무덤들이 이어져 있었다. 하지만 그 무렵 개방되어 있는 것은 그곳뿐이어서 우리는 곧 엘캅에서 가장 중요한 유적이랄 수 있는 네크베트 신전을 찾았다. 그런데 왠지 안내인은 선뜻 우리를 네크베트 신전으로 안내하려 하지 않았다. 유적이 심하게 훼손되었을 뿐만 아니라 길이 멀어 그곳을 보려면 에스나를 포기해야 한다는 설명이었다.

룩소르에 숙소가 잡혀 있는 우리는 어쩔 수 없이 에스나쪽을 선택했지만 거기까지 가서 네크베트 신전을 포기해야 하는 게 몹시 아쉬웠다.

에스나 신전이 있는 곳은 라토폴리스라는 그리스 지명의 도시였는데 드물게도 나일강 서쪽 언덕에 자리잡은 도시였다. 갑자기 강폭이 넓어진 듯한 나일강을 건너며 그걸 신기해하는데 안내인이 에드푸 신전도 강 서쪽에 있었다고 말해 주었다. 그런데도 그때는 도무지 강을 건넌 기억이 나지 않는 게 이상했다.

에스나 신전에서 가장 인상적인 것은 신전이 도시의 지면보다

프톨레미 왕조 때의 에스나 신전 ▶

  9미터나 낮은 곳에 있다는 점이었다. 좁은 돌계단을 타고 내려가다 보니 마치 위가 열린 지하실로 내려가는 느낌이었다. 나일강의 하상이 퇴적물로 높아지고 그에 따른 범람으로 도시도 돋우어진 탓이라고 한다.
  그렇게 낮은 곳에 있다보니 에스나사원도 에드푸처럼 땅속에 묻히는 운명을 면하지 못했다. 19세기에 다시 발굴될 때까지 땅속에 묻혔다가 오늘날처럼 복원되었다고 하는데, 그 바람에 보존 상태는 에드푸나 다름없이 좋아 보였다. 다른 것이 있다면 초기 기독교가 교회로 사용하는 바람에 천장이 심하게 그을려 있다는 정도일까.
  겉으로 보기에 신전의 규모는 에드푸의 절반에도 못 미치는 듯했다. 벽면이나 열주에 남아 있는 벽화들도 비슷한 시대의 작품이라 그런지 뭔가 되풀이되고 있는 듯한 느낌을 주었다. 게다가 아스완으로 돌아갈 일만 걱정하는 안내인 탓에 에스나 탐방은 거의 수박 겉핥기로 끝나고 말았다. 다시 나일강을 건너기 위해 개폐교(開閉橋)를 건너다보니 어느새 나일 물결에 노을이 붉그레하게 어려 있었다.

이집트의 영광, 룩소르
왕가의 계곡엔 투탕카멘의 '체취'

◀ 람세스 2세 석상과 한쪽 오벨리스크만
남아 있는 룩소르 신전 입구

아스완을 떠난 뒤 콤옴보, 에드푸, 엘캅, 에스나를 숨가쁘게 지나 룩소르에 이르러 여장을 푼다. 룩소르, 고대 이집트의 영광이 장려한 황휘와 함께 남아 있는 곳. 그리고 보존된 옛 문명의 정화를 통해 다른 문명들과의 연결고리를 느끼게 해주는 곳. 그러나 호텔에 도착해 보니 둘러보는 룩소르 거리는 그 세계적인 명성에 어울리는 곳이 못되었다.

룩소르, 고대 이집트의 영광이 장려한 황휘와 함께 남아 있는 곳. 그리고 보존된 옛 문명의 정화를 통해 다른 문명들과의 연결고리를 느끼게 해주는 곳.

초라한 규모 소읍

거리를 달리는 관광용 마차들과 나지막한 토산품 가게들이 그곳이 관광도시임을 알릴 뿐 규모도 외관도 오래된 소읍(小邑)을 넘지 않았다.

오늘날 지명으로 쓰이는 룩소르는 실로 그곳에 있는 대표적인 신전의 이름 중 하나이고, 그 지방의 옛 이름은 와세트다. 그러나 그리스인들에 의해 테베라고 불려 오히려 그 이름으로 더 알려져 있는데 그 어원은 정확히 규명되지 않고 있다. 어떤 사람은 룩소르 신전의 다른 이름인 '타 이페트'가 그렇게 변했으리라고 추측하기도 한다.

◀ 파피루스 모양의 열주가 서 있는
룩소르 아문-오피스 3세 신전

정면에서 바라 본 룩소르 신전.
람세스 석상 뒤로 몇차례의 신전이 반복되고 있다 ▶

테베는 상이집트의 네번째 노모스[州]로서 고대부터 이집트사에서 중요한 역할을 해왔다. 자급자족이 가능한 들이 있는 데다 누비아에 가까워 그곳의 산물을 끌어들일 수도 있었으며, 따로이 동쪽 사막에는 풍부한 광산이 널려 있어 힘의 원천이 되었다.

그 지방민 특유의 단결력과 정치력은 어딘가 우리의 신라를 연상시키는 데가 있는데 고대사에서도 상하이집트를 통일하는 원동력은 언제나 테베를 중심한 세력이었다.

그러다가 중왕국을 붕괴시킨 이민족 왕조를 구축하고 자주적인 왕국을 건설함으로써 테베의 역사적인 중요성은 절정에 이르는데, 그렇게 해서 건설된 왕국이 고대 이집트의 마지막 영광인 신왕국이다.

신왕국 수도 번창

테베는 나중 아켄아톤 때의 엘 아마르나 천도(遷都), 그리고 람세스 시대에 북방으로 그 중심이 이동할 때까지 신왕국의 수도로 번창했다. 이제 우리가 살펴보려는 것은 그 세월 동안 그들이 이 일대에 남긴 문화유산이다.

아마도 세밀한 고고학적 답사를 한다면 테베 지역만 해도 일생을 살펴 모자랄 정도로 엄청나다. 그러나 한정된 시간과 일반

◀ 희랍인들에 의해 명명된 것으로 보이는 멤논의 석상

교양수준의 문명탐사라는 목적으로 모든 것을 다 돌아보는 것은 불가능해 우리는 편의상 이 지역을 그 성격에 따라 몇 부분으로 권역화하고 거기서 대표적인 것만 살피기로 했다.

첫번째는 무엇보다도 룩소르 신전과 카르나크 신전이다. 룩소르시와 인접해 있는 곳이고, 범위는 몇 킬로미터에 한정되나 어쩌면 가장 많은 시간이 소요될지 모르는 코스였다.

둘째는 나일 서안에 흩어져 있는 여타 신전들이다. 테베 지방에는 나일 서쪽을 죽음의 땅으로 보는 고대 이집트 일반의 인식에 비해 예외적이라 할 만큼 많은 신전들이 흩어져 있다.

세번째는 왕가의 계곡이 된다. 우리에게는 투탕카멘의 무덤발굴로 잘 알려진 곳인데 그곳도 역시 몇 달은 족히 둘러봐야 할 동굴무덤이 있다.

멤논의 석상 30m

다음날을 룩소르와 카르나크 신전에 배정하고 휴식을 취하면서 뒤적거리는 관광지도책에서 문득 낯익은 사진 한 장을 발견하고 룩소르에 온 첫날밤의 감회를 얹어본다. 그것은 그리스인들에게 '멤논'의 석상이라고 알려진 높이 30미터가 넘는 거대한 석상이다.

호모의 〈일리아드〉에 보면 멤논이란 장군이 나온다. 에티오피아군을 이끌고 트로이를 도우러 왔다가 아킬레스에게 죽음을 당한 장군인데, 그의 시체가 그 석상 앞에 묻혀 있으며, 그 석상도 그를 새긴 것이라 한다. 헤로도토스의 《역사》에도 이 멤논의 석상이 나온다.

그러나 기실 이 석상은 아멘호피스 3세의 신전 탑문 앞에 세워졌던 것이었다. 나중에 안내인은 그 석상이 투트모스 3세의 것이라고 했지만, 아마 아멘호피스 3세 자신의 것이었을 가능성이 더 크다. 그런데 그리스인들은 이 석상에 자기들의 영웅에 의해 쓰러진 불운한 적장을 끌어다 붙이고 있다.

아직 확인하지 못한 의심이지만 이집트 문화를 '어머니도 자식도 없는' 문명으로 보는 토인비 사관(史觀)도 어쩌면 바로 이러한 그리스인들의 이집트 문명에 대한 폄하와 왜곡의 연장선상에 있는 것은 아닐까. 실은 자식이 있어도 불칙한 자식이라 어미를 부인하고 있을 뿐인 것은 아닐까.

'고르고 고른땅' 카르나크

람세스 2세 화려한 석조유산 '황홀'

관광객들로 붐비는 카르나크 신전 대열주실 ▶

40만 평 신전 가득

오늘날의 룩소르시는 신왕국의 수도였던 옛 테베의 남쪽 교외에 해당된다. 테베는 크게 두 개의 신전지역을 가졌던 듯한데, 하나는 남쪽의 룩소르이고, 다른 하나는 북쪽 교외의 카르나크였다. 탐방의 편의를 위해 먼저 북쪽의 카르나크에서부터 시작한다.

통상 카르나크 신전이라 불리는 신전군(群)의 카르나크란 지명은 근처에 있는 엘카르나크란 마을에서 딴 것이고, 옛 이집트식 지명은 이페트 이수트였다고 한다. '고르고 고른 땅'이란 뜻이라고 하는데 아마도 테베의 주신이었던 아문을 위해 정선(精選)된 땅임을 말하는 것이리라.

편의상 카르나크 신전이라고는 하지만 그 지역에 언제부터 언제까지 얼마나 많은 신전이 있는지는 아직도 다 밝혀지지 않았다는 편이 옳을 것이다. 대략 40만 평 정도의 땅에 수천 년 동안 수많은 신전과 그 외벽들, 오벨리스크, 석상 석주들이 혹은 세워지고 쓰러지고 혹은 땅속에 묻혔다.

그 중에서 흔히 '아문의 지역'이라고 불리는 곳을 먼저 찾아본다. 우리가 국민학교 교과서에서부터 시시껄렁한 공상모험소설에 이르기까지 카르나크란 이름 아래 들었던 여러 유적들의 대부분이 모여 있는 곳으로, 중심은 역시 테베의 주신인 아문의 신전이

된다. 이미 여러 곳에서 많은 신전들을 보아왔는데도 첫눈에 사람을 압도하는 엄청난 외벽 탑문을 들어서니 먼저 줄지어선 작은 스핑크스들이 우리를 맞았다. 람세스 2세 시절의 것이라 하는데 양의 머리를 한 것이 특이했다.

미완 피라미드도

옛날에는 그런 스핑크스들이 줄지어선 도로가 10킬로미터 이상 떨어진 룩소르 신전까지 이어져 있었다고 한다.

역사상으로는 '제3 중간기'라고 하는 후기왕조의 것으로 추정되는 그 석벽은 어떤 이유에서인지 안쪽이 미완성으로 남아 있었다. 굵은 돌들로 높은 석벽을 쌓기는 했지만 다른 신전들에서와는 달리 채색된 부조는커녕 벽면조차 다듬어져 있지 않은 것이었다. 대신 마치 흙속에 파묻혀 있듯 석벽의 절반 높이 가까이 토산과 흡사한 흙더미가 덮고 있었다.

처음에는 그곳 역시 땅속에 파묻혔다가 발굴된 것인가 싶었으나, 알고 보니 그게 아니었다. 이집트인들은 후기왕조 때까지도 거대한 신전 외벽의 축조에는 피라미드에 사용한 공법을 그대로 쓰고 있었다. 곧 흙언덕을 쌓아 비탈을 이용해 무거운 돌들을 옮겨 쌓은 뒤 다시 그 흙더미를 긁어내면서 벽면을 다듬고 조각과 채색을 하며 내려오는 방법이었다. 그리하여 벽화까지 완성이 되면 흙더미는 모두 제거되는데 그 석벽은 미완성이라 그대로 남게 되었다는 설명이었다.

3세 신전은 초라

양의 머리를 한 스핑크스들 사이로 난 포장된 길을 지나면 이른바 첫번째 탑문이 나온다. 예정에는 그곳까지 운하를 끌어들여 나일의 물로 신전의 성수(聖水) 항아리를 채웠다고 하는데 이제는 물이 마른 수영장 같은 석조 구조물의 잔해만 조금 남았을 뿐이었다. 탑문 그 자체는 상당히 후대의 것으로, 안쪽은

이집트 전토를 자신의 신전과 석상으로 뒤덮다시피 한 람세스 2세가 사랑하는 딸 벤탄타를 발밑에 거느리고 서 있는 모습이나 규모도 그렇지만 탑문 또한 별로 눈길을 끄는 양식이나 규모가 못돼 무심코 안으로 들어서면 비명이라도 지르고 싶을 만큼 엄청난 돌기둥으로 가득한 공간이 앞을 가로막는다. 화려한 람세스시대의 주인공들이라 할 수 있는 세토스 1세와 람세스 2세 부자의 작품이다.

남아 있는 돌기둥이 많지 않아 아직은 그리 인상적이지 못했다.

남쪽 벽면에 이어진 람세스 3세의 신전도 이름이 그렇다 뿐이지 작고 초라하기 짝이 없었다. 신전 입구에 있는 오시리스 형상의 기둥들은 태반이 부서졌고, 여러 신들과 왕이 새겨진 옆면 기둥의 부조(浮彫)들도 훼손이 심했다. 전체적으로 석질도 사암이

◀ 카르나크 신전에 이르는 탑문 양쪽으로
　나란히 서 있는 양머리 모양의 스핑크스들

거나 질 낮은 석회암 같았다.

그러나 람세스 2세의 석상이 서 있는 두번째 탑문을 지나면 사정이 달라진다. 이집트 전토를 자신의 신전과 석상으로 뒤덮다시피 한 그 제왕이 사랑하는 딸 벤탄타를 발밑에 거느리고 서 있는 모습이나 규모도 그렇지만 탑문 또한 별로 눈길을 끄는 양식이나 규모가 못돼 무심코 안으로 들어서면 비명이라도 지르고 싶을 만큼 엄청난 돌기둥으로 가득한 공간이 앞을 가로막는다. 화려한 람세스시대의 주인공들이라 할 수 있는 세토스 1세와 람세스 2세 부자의 작품이다.

카르나크 신전 열주
'람세스' 절정 모은 웅장한 건축미

대부분의 이집트 여행자들에게 가장 인상적인 지역은 룩소르일 것이고, 룩소르에서도 가장 인상적인 곳은 아마도 카르나크의 열주들일 것이다. 카르나크에서도 특히 두번째 탑문 안쪽의 일주들은 규모에서도 숫자에서도 이집트 전역을 어지간히 돌아본 사람에게마저 위압감을 넘어 외경심까지 느끼게 한다.

불화(不和)가 남긴 일화

원래는 지붕이 있던 열주식 신전이었으나 이제는 지붕이 거의 날아가 버려 새어드는 햇볕 아래 줄지어 선 백여 개의 열주들은 고대 이집트의 마지막 영광이라고 해도 좋을 람세스시대의 유품답게 장엄하고 화려했다. 파피루스 형태의 기둥머리 장식에 아직도 채색이 선명했는데, 굵기는 어림잡아도 어른의 다섯 아름은 되어 보였고, 높이도 5층 건물에 뒤지지 않았다. 특히 가운데 두 줄로 늘어선 여남은 개의 기둥들은 더욱 굵고 화려하게 치장되어 그것 하나만 해도 그대로 역사의 기념비가 될 만한 훌륭한 건축물이었다.

그 부분은 찬란한 람세스시대를 연 세토스 1세와 그의 아들이자 고대 이집트의 영광을 그 절정까지 펼쳐 보였던 람세스 2세에 의해 조성된 것이라고 한다. 그래서인지 그 외벽에는 그들 부

134개의 석주가 하늘을 가릴 정도로
빽빽하게 들어선 카르나크 신전 대열주실 ▶

자가 행했던 팔레스타인 지방의 원정을 묘사한 그림이 많았는데 가장 눈에 띄는 것은 역시 람세스 2세 시절의 '카데시 전투' 장면이었다.

촛불은 꺼지기 전에 한 번 반짝 빛을 뿜는다. 3천 년에 걸친 고대 이집트의 영광으로 보면 람세스시대야말로 그 마지막 빛남은 아니었을까. 소진되어 가던 문화의 혹은 민족의 에너지가 그 마지막 빛과 열기를 뿜어 이루어낸 것이 람세스 시대였고, 그 물화(物化)의 한 정수가 카르나크 신전의 그 부분일지도 모른다는 생각이 들자 문득 야릇한 비장감까지 일었다.

3천 년에 걸친 고대 이집트의 영광으로 보면 람세스시대야말로 그 마지막 빛남은 아니었을까. 소진되어 가던 문화의 혹은 민족의 에너지가 그 마지막 빛과 열기를 뿜어 이루어낸 것이 람세스 시대였고, 그 물화(物化)의 한 정수가 카르나크 신전의 그 부분일지도 모른다는 생각이 들자 문득 야릇한 비장감까지 일었다.

건축물의 내부라기보다는 웅장한 조각품이 가득 늘어선 광장 같은 그 공간을 지나면 방금 지나온 공간에 비해 초라한 느낌까지 들게 하는 세번째 탑문이 나온다. 아멘호피스 3세에 의해 세워졌고 역시 세토스 1세와 람세스 2세에 의해 장식되었다는 그 탑문이 그토록 초라해 보이는 것은 아마도 훼손이 심한데다 석재 자체가 이미 그 전에 세워졌던 고대 건축물에서 뜯어낸 것들

◀ 카르나크 신전 기둥에 새겨진 신성문자

이라 그만큼 세월의 이끼가 끼었기 때문일 것이다.

그 탑문을 지나면 투트모스 1세의 오벨리스크가 서 있는데 원래는 네 개가 서 있었으나 그것 하나만 남았다고 한다. 이제 앞부분보다 한 시대 전인 투트모스시대의 건축물로 들어간다는 표시일 것이다. 그런데 낡은 탑문 하나를 지나다 보니 또 다른 오벨리스크가 앞을 막았다. 하나는 쓰러지고 하나는 서 있는데, 서 있는 것도 훼손과 변조의 흔적이 있었다. 바로 하트세프수트여왕의 것이었다.

하트세프수트여왕과 투트모스 3세 사이의 불화는 이집트 신왕국사(史)에서 여러 가지로 유명한 일화를 남기고 있다. 어머니이자 고모로서 어린 투트모스 3세의 섭정을 맡았던 하트세프수트여왕은 러시아의 에카테리나 여제(女帝)나 당나라의 즉천무후에 비견할 만한 여자였다. 나중에는 스스로 파라오가 되어 투트모스 3세가 장성한 뒤에도 왕권을 돌려주지 않았다. 그 바람에 여왕의 사후(死後)에야 권력을 잡을 수 있었던 투트모스 3세의 불만과 분노는 그만큼이나 끈질기고 철저하게 표현되었다. 그녀가 세운 신전은 물론 오벨리스크며 심지어는 작은 석상 하나 온전하게 보존된 게 없을 정도인데 그것은 모두 투트모스 3세의 솜씨라고 보고 있다. 신전의 벽면은 깎여 그녀의 업적은 지워지고, 오벨리

속이 비어 있어 두드리면 울리는
오벨리스크 뒤로 카르나크 신전이 보인다 ▶

스크 비문은 변조되거나 아예 쓰러뜨려졌으며, 신상들 역시 부숴지거나 최소한 코라도 떨어져 있게 마련이라고 한다. 거기 쓰러져 있는 오벨리스크도 그와 같은 투트모스 3세의 불만과 분노가 남긴 흔적일 것이다.

작은 방실(房室)의 화사
카르나크 지역에서 역사적 의미로 보다 핵심적인 부분은 다섯번째 탑문 안의 아문-라신전이 된다. 그러나 거기까지 오는 동안의 감동과 위압감과 외경심에 지친 사람들의 눈길은 그때쯤이 되면 어쩔 수 없이 시들해지고 만다.

그러다가 마침내는 지치고 또 그새 훤히 트인 실외가 그리워져서 나가 앉게 된 곳이 동남쪽에 있는 '신성한 연못' 가의 벤치였다. 돌로 축대를 쌓은 장방형의 그 작은 호수 역시 옛적 그곳 신전들의 제례의식에 쓰이던 것이라 한다. 그러나 최근에 복원된 것이라 그런지 오래된 유적의 맛은 없고 그저 관광객의 휴식을 위해 파둔 것처럼만 느껴졌다.

지도를 펴놓고 의논하다가 서북쪽 고왕국과 중왕국 시절의 유적이 흩어져 있는 곳을 한 번 더 둘러보았으나 솔직히 말해 폐허의 황량함 이외에 별다른 기억이 남아 있지 않다. 있다면 그 폐

선명한 채색이 남아있는 카르나크 신전 대열주실
기둥 머리의 신성문자

허에 어울리지 않을 만큼 온전하게 남아 있던, 전체가 설화석고로만 짜 맞추어진 어떤 작은 방실(房室)의 그 돌연한 화사함 정도일까.

우리가 그 지역 나일강 동편에서 살펴보기로 한 곳으로는 아직도 룩소르 신전이 남아 있고, 강 서편으로는 유명한 투탕카멘왕의 무덤을 비롯한 신왕국 왕실의 동굴무덤들이 있는 '왕가의 계곡'과 람세스 2세와 3세의 장의신전(葬儀神殿), 디에르 엘 바흐리의 하트세프수트여왕의 신전, 이른바 '멤논의 신상'이 있는 투트모스 3세의 무덤과 그 장의신전 등이 있다.

여정(旅程) 일부 마치며

그런 다음 북상길로 접어들면 덴드라와 아비도스가 있고, 다시 아켄아톤의 비극을 볼 수 있는 엘 아마르나를 들르게 된다. 거기서 살펴볼 것은 이집트 세계제국을 불완전하게 만든 세계종교의 부재 경위이다. 이어 회교원리주의자들의 무력저항 때문에 방문 여부가 확실치 않은 아슈트를 지나 카이로로 돌아가면 동으로 알렉산드리아를 찾아 고대 영광을 대신한 헬레니즘의 자취를 살펴보고 나서 서로 시나이 반도를 돌게 된다. 마침내 로마의 무력과 결합해 세계종교로 자리잡게 되는 기독교의 오랜 연고지의 하나로 특별한 의미를 띤 곳이 시내산(山)을 무슨 상징처럼 품고 있는 그 시나이 반도이다.

그렇지만 그 먼 여정을 독자에게 들려주기 위해 우리에게 주어진 날은 이미 다해 여기서 이집트 문명기행의 일부를 서둘러 종결짓지 않을 수 없게 되었다. 남은 부분은 부(部)를 달리해 다른 기회에 마저 얘기하는 수밖에 없다. 그 동안 주관적인 일정으로 그리 긴하지 않은 부분을 너무 길게 늘어놓아 지루하게 한 부분도 있을 것이고, 역사에 대한 무지니 불성실로 식겨 있는 이들을 실망시키기도 했을 것이다. 자신의 능력을 고려하지 않고 의욕만 앞세운 부끄러움을 새삼 느낀다. 가까운 날 보다 가다듬은 내용으로 다시 만나게 되기를 빌며 깊이 머리숙여 사죄드린다.

이집트 문명, 그 장구한 역사

손 주 영
한국외국어대학교 동양어대학 아랍어과 학과장
동 대학교 대학원 아랍·아프리카어과 주임교수
동 대학교 대학원 중동·아프리카 지역연구학과 주임교수

파라오들 이전의 상·하 이집트

세계에서 제일 긴 강 나일(the Nile)은 적도 지방의 빅토리아 호수에서 발원하여 6,671km를 흘러 지중해로 들어간다. 강은 바다에 닿기 1,000km 쯤 전 아스완에 있는 '나일의 제1폭포'를 통과하는데, 이집트 역사는 대략 나일의 이 마지막 1,000km 구간, 즉 나일의 제1폭포에서 지중해에 이르는 유역에서 지난 6,000년 동안 일어난 일들이다.

12,000~10,000년 전쯤인 구석기 시대 말기부터 기상 변화가 계속되어 원래 드넓은 숲이었던 북부 아프리카 지역이 점차 사막으로 변해 갔다. 사람들은 나일강 유역에 모여 살게 되었으나, 해마다 강물이 범람하는 이곳도 처음부터 사람이 편히 살 수 있는 풍요한 땅은 아니었다. 사람들이 범람으로 비옥해진 땅에 농사를 지으면서 범람에 대처하는 토목과 관개기술을 개발해 내고 도시를

건설하고 또 신화를 창조해 내면서, 후세의 사람들이 '고대 이집트 문명'이라고 부르게 되는 위대한 문명의 기초를 놓은 것이다.

지금부터 6,000년 전쯤이 되자 이집트는 주민의 생업과 정치·종교·문화적 정서가 서로 다른 두 지역처럼 되었으니, 나일 삼각주의 하(下) 이집트와 상류 지방인 상(上) 이집트가 그것이다. 상이집트는 사막화가 진행되면서 이용할 만한 토지가 점차 줄어들고 생산성도 떨어져 가는 나일 강변의 좁고 긴 지역이고, 하이집트는 오늘날 카이로 북부에 부채꼴 모양으로 펼쳐 있는 인구가 밀집된 풍요로운 땅으로, 다른 이민족들과의 교역과 교류가 육지와 바다를 통해 활발히 이루어지던 지역이었다.

이집트 고대 역사 : 파라오들의 시대
초기왕조 (기원전 3000~2780년경)

1,000여 년에 걸쳐 끊임없이 적대하고 경쟁하던 상·하 이집트는 기원전 3,000년 무렵 상이집트의 나르메르라는 왕에 의해 최초로 통일되고, 수도는 상·하 이집트의 중간지점인 멤피스에 건설되었다. 이집트 민족의 통합과 이

집트 문명의 비약적 발전의 계기가 되었고 이집트 고대사의 시발점이 된 나르메르의 통일은 히에라콘폴리스에서 출토된 '나르메르 팔레트'라는 점토판에 호루스 밑에 꿇어앉아 있는 하이집트 왕이 나르메르 왕에게 항복하는 모습으로 묘사되어 있다. 이 일이 있고 2,700년쯤 뒤 프톨레마이오스 왕조(기원전 332~30년)의 신관(神官) 마네토는 고대 이집트의 역사를 파라오(군주, 왕)들의 계보에 따라 모두 31개의 왕조로 나누어 서술하였는데, 마네토의 서술은 그가 메네스라는 이름으로 부른 나르메르의 상·하 이집트 통일에서 시작하여 이집트 출신의 마지막 파라오 넥타네보 2세의 죽음(기원전 343년)으로 끝을 맺는다. 고대 이집트 역사서술에 사용되는 제 몇 왕조라는 명칭은 마네토의 이 서술체계를 활용한 것이며, 초기왕조시대는 마네토의 제1, 2왕조에 해당된다.

전에는 상상하지 못했던 일들이 통일로 가능해졌다. 통일 이집트의 초대 군주 나르메르의 재위 중 멤피스에서 나일강의 흐름을 바꾸는 공사가 있었는가 하면, 그의 후계자인 아하, 3대 군주 제르 시대에는 이집트인들은 누비아로, 시나이로 원정을 한다. 제1왕조가 발전의 절정을

이룬 때는 5대 군주 덴의 시대였다. 덴 왕은 제국의 행정제도를 완비하고 상이집트의 군주임을 상징하는 흰색 왕관과 하이집트의 군주임을 상징하는 붉은 왕관을 결합시킨 이중 왕관을 최초로 착용하였고, 영토확장과 국가기반의 확립, 국민적 통합을 위해 노력하였다. 제2왕조 초대 군주의 칭호 헤텝세켐위('두 세력이 평화스러운'이라는 뜻)는 상·하 이집트 사이에 분쟁이 끝난 것을 상징하는 듯하다.

제1, 2왕조 시대에 이집트는 정부조직과 행정체계, 건축과 토목기술, 예술 등 모든 면에서 큰 발전을 이룩하였다. 이집트인들의 문자체계인 히에로글리프도 정비되었고, 1년을 365일로 하는 역법이 완성되었다.

고왕국시대(기원전 2780~2270년경)와
제1중간기(기원전 2263~2040년)

고왕국시대는 마네토의 제3~6왕조에 해당된다. 제3왕조의 2대 군주 조세르는 이집트 왕들 중 가장 뛰어난 인물의 한 사람이었다. 그는 역사상 최초로 피라미드를 건설한 군주로도 유명하다. 조세르 치하의 재상이며 제사장이고 의사이며 사상가이자 건축가인 임호텝이 조세르의 무덤으로 고안해 사카라에 건설한 '계단식 피라미드'는 세계 최초의 대규모 석조 건축물로서 파라오의 절대권력과 조직화된 국력을 짐작하기에 충분한 것이다. 임호텝은 훗날 '치료의 신'으로 추앙받으며 의자에 앉아 있는 서기관의 모습으로 그려진다.

그러나 피라미드 역사의 진정한 주인공은 제4왕조(기원전 2723년~2563년)에서 나타난다. 제4왕조의 초대왕은 스노푸르였는데, 그의 후계자 쿠푸가 가장 아름답고 완벽한 대(大)피라미드를 기자 지방에 세운 것이다. 평균 2,300kg 짜리 돌 230만 개가 들어간 이 공사는 고대 이집트인들의 건축기술, 측량과 설계의 정확함, 국가동원체제, 기획능력이 얼마나 뛰어났는가를 단적으로 보여주는 것이다. 쿠푸의 아들 케프렌이 세운 피라미드도 아버지의 것 못지않으나 그는 '계곡 신전'에 있는 스핑크스로 더 유명하다. 왕릉 단지의 수호신으로 여겨지는 스핑크스의 얼굴은 케프렌의 것이라고 한다.

멘카우라의 피라미드도 똑같이 유명하다. 이 두 피라미드는 대피라미드보다 약간 작은 크기로 그 옆에 서 있다.

제4왕조는 고대 이집트 왕국이 정점에 도달한 시기였으며, 사람인 동시에 신(神)이기도 했던 왕과 그의 왕권이 문자 그대로 절대적이었던 시기였다.

헬리오폴리스의 제사장의 아들 우제르캅이 세운 제5왕조(기원전 2563~2423년)에서는 태양신 숭배가 절정에 이른다. 오시리스신을 대신하여 태양신 라가 최고신이 되었고, 군주들은 태양신의 아들임을 자처했으며, 태양신을 위한 신전이 건축되었다. 오랜 세월이 흐르는 동안 이집트 신화에서 태양신 라는 때로는 오시리스신과 동일시되기도 하며, 때로는 호루스신과 합성된 모습으로 나타나기도 한다.

태양신 라의 가장 대표적인 모습은 호루스신과 같이 매의 얼굴을 한 사람이 머리에 태양을 얹고 있는 형상이며, 태양은 뱀이 둥글게 한 번 몸을 튼 모습으로 표현된다. 제5왕조 군주들의 피라미드 벽화에는 이집트인들이 시리아, 누비아 등지에서 벌인 원정사업이 그려져 있으며, 이러한 업적은 '팔레르모 스톤'(Palermo Stone) 같은 자료에서도 확인된다. 제5왕조부터 흔들리기 시작한 군주의 절대권력은 제6왕조(기원전 2423~2263년) 때

완전히 약화되고, 이후 이집트인들은 폭력과 내전으로 점철되고 비관과 혼란이 가득한 제7~10왕조의 제1중간기를 겪게 된다.

중왕국시대(기원전 2133~1785년)와 제2중간기(기원전 1785~1575년)

마네토의 제11왕조(기원전 2133년~1991년)와 제12왕조(기원전 1991~1785년)에 해당되는 중왕국시대는 테베의 왕자 멘투호트페 2세가 오랜 고난과 투쟁 끝에 이룩한 상·하 이집트의 재통일로 시작된다. 그는 호루스의 새로운 이름인 스마토위('두 땅을 통일하는 자'라는 뜻)를 자신의 칭호로 택했다. 통일은 모든 계층의 이집트인들에게 향상된 삶을 가져다주었으며, 절대다수의 이집트인들로부터 환영을 받았다. 멘투호트페 2세는 통일 후 바로 누비아, 리비아, 시리아, 시나이 원정에 나서 성공을 거두었고, 그의 뒤를 이은 멘투호트페 3세는 누비아 지역에 대한 직접 지배를 위해 콥토스에서 와니 함마마트를 거쳐 홍해로 이르는 길을 재개척했다.

상이집트 총독으로서 이러한 원정사업의 책임자였던

재상 아메네메스가 제12왕조를 연다. 이 왕조시대는 이집트 역사상 가장 찬란한 시기 가운데 하나로 손꼽힌다. 아메네메스는 아문을 수호신으로 하는 테베 출신이었으나 이집트 전역을 보다 효과적으로 통치하기 위하여 멤피스 남쪽에 새로운 도시 이트즈-토위('두 땅을 쥔'이라는 뜻)를 건설하고 천도했다. 그리고 근처에 자신의 피라미드를 건설했다. 누비아 지배를 공고히 하기 위하여 '나일의 제2폭포' 지역에 요새를 건설했으며, 아시아인들의 델타 지역 침입을 막기 위해 와디 툼밀라트에 '통치자의 성'이라는 요새를 세웠다. 그의 후계자들도 신석기시대 농경문화의 발상지인 파이윰 지방을 재확보하는 등 이집트 번영에 박차를 가했다. 이집트 역사의 황금기라고 하는 세소스트리스 3세와 아메네메스 3세의 재위 기간은 평화와 안정의 시기였으며, 신인 동시에 인간이었던 군주들이 인간 쪽에 더 가까워진 시기였다. 제12왕조 초기부터 번영하는 이집트는 외국인들, 주로 아시아인들을 끌어들이기 시작했으며, 통상과 외교의 확대로 이집트에 외래 문화와 사상이 밀려오기 시작했다. 세소스트리스 3세와 아메네메스 3세의 황금기에 이어 아메네메스 4세와 세벤

크네프루 여왕 통치기에도 아시아인들이 기회의 나라 이집트로 몰려와 자신들의 재능을 발휘하여 이집트 문화와 사회발전에 기여하면서 자신들의 입지와 세력을 강화했다.

여러 가지 원인이 복합적으로 작용하여 제12왕조 말부터 점차 국가의 통제권이 약화되고 나라가 분열되면서 여러 대 전부터 이집트 땅에 들어와 정착한 아시아쪽 외국인들이 제16왕조와 제17왕조 시기에는 이집트를 지배하기에 이르렀으니, 이들을 힉소스(이민족 통치자들)라고 부른다. 아시아인들의 지배는 이집트에 새로운 문물이 유입되는 전기가 되었다. 새로운 악기와 음악 양식, 청동 세공술에서 도자기 제조, 베짜기에 이르기까지 다양한 기술 혁신이 이루어지고, 새로운 품종의 동물과 곡식이 도입된다. 전쟁에는 새로운 유형의 무기와 아울러 전차와 말이 등장하였다. 제13왕조 때부터 힉소스 지배가 끝날 때까지의 혼돈기가 제2중간기(기원전 1785~1575년)이다.

신왕국시대(기원전 1575~1085년)와
제3중간기(기원전 1085~664년)

제15왕조(기원전 1575~1308년)는 이민족 힉소스의 지배를 벗어 던지기 위해 여러 대에 걸쳐 투쟁하던 테베의 왕가 출신 아모스가 열었다. 아모스는 가문의 전통에 따라 '아문 신의 아내'라는 칭호를 가진 친누이 노프레타리와 결혼하였는데, 이러한 친오누이간의 결혼은 신과 여신의 결혼을 의미하는 것으로서 중왕국시대부터 상실되기 시작한 왕의 신성성을 회복하려는 고도의 정치 행위였다. 아모스는 힉소스의 세력을 델타 지역에서 소탕하고 상·하 이집트를 재통일하였으며, 이집트의 옛 영토를 회복했다. 그의 아들이자 후계자인 아멘호테프 1세는 이집트 국경을 남쪽의 제3폭포까지 확대했다.

제18왕조의 4대 군주 투트모스 2세의 정처 하트세프수트는 그녀의 남편이 후궁에서 낳은 투트모스 3세가 겨우 열 살의 나이에 즉위하였기 때문에 처음에는 섭정을 하다가 나중에는 스스로 왕이 되었다. 그녀는 회화나 조각에서는 남자의 복장을 하고 수염을 단 남자의 모습을 하고 있으나 문헌에서는 그녀를 가리키는 데 여성형

인칭대명사가 사용되고 있다. 그녀의 집권기간중 이집트
는 대체로 평화로웠으나 통치영역이 크게 축소되었다. 그
녀가 죽은 뒤 투트모스 3세는 스스로 이끈 여러 차례의
원정전에서 승리하면서 이집트의 옛땅을 수복하고 아시
아 지역을 편입하여 '나일의 제 4 폭포'에서 시리아에 이
르는 대제국을 건설하였다.

이러한 이집트의 정치세력은 아멘호테프 3세 시대에
절정에 달했다. 그는 황금의 호루스, 진리의 통치자, 상·
하 이집트의 왕, 라의 아들이라는 칭호로 불렸다. 아멘호
테프 4세는 이집트의 모든 왕들 중 가장 논쟁의 대상이
되는 인물일 것이다. 그는 테베의 수호신 아문을 버리고
역사상 최초로 유일신교의 신 개념을 확립한 종교 개혁
자이기 때문이다. 그는 왕위에 오른 지 5년 되는 해에 자
신의 이름을 태양신의 숭배를 뜻하는 아케나텐('아텐에
게 봉사하는'이란 뜻)으로 바꾸고, 태양신의 구체적인 형
상인 아텐(태양판)을 유일한 존재로 숭배하고, 아텐에게
바치는 수많은 신전을 지었다. 그는 수도를 중부 이집트
의 알 아마르나로 옮기고 신도시 아케타텐(아텐의 지평
선)을 건설하였다.

 신왕국시대에 누렸던 영화는 1922년 발굴되어 세상을 깜짝 놀라게 한 '왕들의 골짜기'에서 출토된 화려한 부장품들, 그 중에서도 파라오 시신의 얼굴 덮개인 '투탕카멘 왕의 황금가면' 등으로 잘 확인된다. 9살에 왕위를 계승한 소년왕 투탕카멘은 즉위 3년째 되는 해에 도읍을 옮기고, 아텐 숭배를 버렸으며, 이름도 투탕카멘으로 바꾸었다. 그 뒤 왕권은 아이, 호렘헵을 거쳐 재상이자 장군이었던 람세스의 가문으로 넘어간다.

 제19 왕조(기원전 1308∼1186년)는 람세스 1세부터 시작한다. 그의 뒤를 이은 세티 1세는 훌륭한 군사지도자로 아시아의 지배자가 된 히타이트 왕국을 무력으로 압도하였고, 나일 삼각주로 들어오려는 리비아인들에게 효과적으로 대처하였다. 3대 군주 람세스 2세는 66년간이나 이집트를 다스린 위대한 왕이다. 평화조약과 혼인동맹을 맺는 등 히타이트족과의 오랜 적대관계를 청산하는데 성공했다. 성경의 출애굽기에 나오는 압제자 파라오가 람세스 2세이다. 뒤를 이은 그의 13째 아들 메르네프타는 유대 민족이 이집트에서 대탈출(출애굽)할 당시의 군주로 추정되고 있다. 메르네프타의 전승기념비에 있는 '이스라엘은 황량하며, 씨 뿌릴 땅이 없다'는 대목은 이스라엘을 언급한 가장 오래된 문헌자료이다.

제20왕조(기원전 1186~1085년)의 오랜 평화시대가 가고, 왕권이 몰락하고 사제들이 정치를 농단하고 외세의 침입을 받는 제21~25왕조(기원전 1009~664년)가 이어진다. 제3중간기라고 불리는 이 혼돈과 좌절의 시기에는 리비아계 군주들이 통치하고, 누비아인들의 상이집트 전역과 중이집트의 멤피스까지 약탈하며, 이디오피아 군주들과 앗시리아인들의 지배를 받게 된다.

후기왕조시대(기원전 663~332년)

후기왕조시대는 이집트를 지배하던 앗시리아인들을 무찌른 하이집트 델타 지역 사이스의 왕자 프삼티크 1세의 제26왕조(기원전 663년~525년)로부터 시작된다. 이 왕조와 더불어 예술이 부흥하였으며, 특히 조각은 사실주의의 완성의 경지에 도달했다. 2대 군주 네코의 시대에는 상업이 발달하고 해군력이 증강되었으며, 나일강과 홍해 사이에 운하가 건설되었고, 특히 이집트와 그리스 사이에 교역이 발달하여 많은 그리스인들이 상인으로서, 왕가의

용병으로서 이집트에 정착하기 시작했다.

제 27 왕조(기원전 525~404년) 시대에 페르시아의 군주 캄비세스 2세가 이집트를 정복하고 총독을 두어 다스렸으나 이집트인들은 복종하지 않았다. 외세의 강점에도 불구하고 건축과 조각과 문학이 흥성했으며, 그리스의 역사가 헤로도토스가 이집트를 방문한 것도 이 시기였다. 페르시아 군주들의 암살, 사망, 아테네와의 마라톤 전투에서의 패전 등을 계기로 델타 지역에서 끊임없이 반페르시아 봉기가 일어났고, 그때마다 무자비하게 진압되었다. 제 28 왕조(기원전 404~369년)를 연 사이스 출신 아미르타에우스에 의해 반페르시아 투쟁은 드디어 승리를 거두고, 제 29 왕조(기원전 399~378년) 시대에는 페르시아와 그리스의 세력 균형에 힘입어 이집트가 다시 국제무대의 일원으로 복귀할 수 있었다.

제 30 왕조(기원전 378~341년)에서는 줄곧 번영을 누릴 수 있었으나 제 30 왕조의 마지막 군주 넥타네보가 페르시아군의 침입을 저지하는 데 실패하고 누비아로 도망함으로써 이집트인에 의한 왕조는 막을 내리게 되고 페르시아 군주들의 제 31 왕조(기원전 341~332년)가 들어섰다.

그리스 로마 치하의 이집트

마케도니아의 이집트 점령과
프톨레마이오스 왕조 시대 (기원전 332~30년)

기원전 332년 가을 알렉산더 대제의 마케도니아—그리스 군이 이집트로 진군하자 이집트인들은 그들을 해방자로 환영했다. 그는 그리스까지 이름이 나 있던 리비아 사막에 있는 시와 오아시스의 아문 신전을 방문하여 그가 아문 신의 아들이라는 신탁을 받아냈는데, 이를 계기로 이집트인들은 그를 새로운 파라오로 인정했다. 알렉산더는 나일 삼각주 서편에 알렉산드리아를 건설하였고, 지중해에 면한 이 항구도시는 이집트 최대의 도시로 발전한다. 이집트 통치를 마케도니아, 그리스, 이집트인 행정관들에게 나누어 맡기고 떠난 알렉산더가 기원전 323년 바빌론에서 사망하자 이집트는 우여곡절을 거쳐 마케도니아 귀족 출신 프톨레마이오스 1세의 수중으로 들어갔다. 프톨레마이오스 2세는 이집트 왕실의 전통을 따라 친누이와 결혼했으며, 이러한 관행은 프톨레마이오스 왕가의

전통이 되었다. 프톨레마이오스 왕조가 가장 번성했던 시기는 초기 160년 동안이었다.

그후 프톨레마이오스 왕가에 권력투쟁이 빈발하였고, 전성기 때 영토의 많은 부분을 상실하게 되어, 마지막 100년은 로마의 보호 없이는 독립도 유지할 수 없을 만큼 약화되었다. 그러나 프톨레마이오스의 후손들은 기원전 30년, 안토니우스와 연대하여 옥타비아누스와 대결하려 했던 클레오파트라 7세가 악티움에서 패전하고 알렉산드리아가 함락당하여 자살할 때까지 300년 이상 이집트를 다스렸다. 프톨레마이오스 왕조의 알렉산드리아는 헬레니즘 세계의 중심이었고, 학문과 예술의 수준이 세계 최고인 도시였다.

로마(기원전 30년~기원후 395년)와 비잔틴 제국의 지배(395~641년)

야심차고 보기 드물게 유능했던 클레오파트라 7세의 자살로 고대 이집트 시대는 막을 내리고 이제 이집트는 로마 제국의 속주가 되었다. 로마 황제들은 이집트의 전통을 존중하였고, 이시스 숭배를 비롯한 이집트 문화의 영향이 로마까지 파급되었다.

한편 기독교가 이집트로 전파된다. 기독교는 발생 초기 박해를 받았으나 콘스탄티누스 황제와 테오도시우스 황제의 보호 속에 급격히 발전한다. 특히 테오도시우스 황제는 이집트의 모든 '우상 신전'을 파괴하라는 명령을 내린 바 있다. 이집트는 그리스어를 사용하는 동로마 제국(비잔틴 제국)의 일부가 되었고, 비잔틴 제국이 기독교를 국교로 공인하자 이집트에서의 토착종교는 점점 거점을 잃어갔다. 기독교 수도자와 은둔자들이 급격히 늘어나 세계 최초로 이집트에 수도원이 등장하였다. 성서, 성자들과 순교자들의 삶에 대한 번역물이 주를 이루는 풍부한 콥트문학이 이집트에서 발전한다.

이집트 역사연표

	기원전	
초기왕조시대 (기원전 3000~2780)	3000년경	나르메르 왕이 상·하 이집트 통일
	2700년경	조세르 왕이 사카라에 계단식 피라미드를 건설
고왕국시대 (기원전 2780~2270)	2700~2200년경	전제군주의 절대권력을 상징하는 대형 피라미드가 건설 왕권이 약화되고 나라가 지방분권화됨
제 1 중간기 (기원전 2263~2030)	2270~2100년경	테베의 왕자들이 상·하 이집트 통일 전쟁에 나서 성공
중왕국시대 (기원전 2133~1785)	2100~1700년경	중왕국시대가 열리고 테베가 수도가 됨. 예술과 문화와 문학이 발전
제 2 중간기 (기원전 1785~1575)	1700~1550년경	국력이 쇠퇴하기 시작. 힉소스의 지배를 받음
	1550년경	아모스가 힉소스인들을 몰아내고 이집트를 통일

신왕국시대
(기원전 1575~1085)

1550~1090년경   광대한 영토로 인하여 신왕국이라는 이름으로 불림
테베가 이집트 권력의 중심부로 자리

1525~1448년경   투트모스 1세와 3세가 누비아와 시리아 정복.
이집트 군이 유프라테스까지 진격.
앗시리아, 바빌로니아, 히타이트 사람들이 바친 조공으로 파라오들이 장엄한 신전과 건물들을 건설할 수 있게 됨

1361~1340년경   아멘호텝 4세가 아문 신앙과 결별하고 중부 이집트의 텔 엘 아마르나로 천도한 뒤, 태양신 숭배를 뜻하는 아케나텐으로 이름을 바꿈

1333~1325년경   투탕카멘이 아문 신 숭배를 부활시키고, 투탕카텐이었던 자신의 이름을 투탕카멘으로 바꿈

제3중간기
(기원전 1085~664)

1308~1090년경   람세스 2세로 유명한 람세스 왕조시대가 열림
시리아와 팔레스타인까지 영향력을 확대한 히타이트인들과 화해

후기왕조시대 (기원전 663~332)	663~609년	프삼티크 1세가 앗시리아 사람들을 쫓아내고 짧지만 번영한 시대를 엶
	525년	프삼티크 3세가 페르시아의 군주 캄비세스에게 패함 이집트가 페르시아의 속주가 됨
	525~332년	페르시아의 지배를 받음. 다리우스가 나일강과 홍해 사이에 네코가 시공한 운하를 완공하고 카르가 오아시스에 아문 신전을 건설 알렉산더 대제 이집트 정복
그리스 로마치하의 이집트 (기원전 332~30)	332년	알렉산더 대제 알렉산드리아를 건설 알렉산드리아가 세계 교역과 예술, 문화의 중심이 됨
	225~30년	프톨레마이오스 4세 치하에서 마케도니아의 세력이 점진적으로 쇠퇴 왕조의 내분이 빈발
	30년	클레오파트라 7세 여왕 사후 이집트가 로마 제국의 영토로 전락

로 마
(기원전 30년~기원후 395)

기원후

395년   로마 제국의 분열로 인하여 이집트가
비잔틴 제국의 속령이 됨.
상당 기간 교리분쟁이 있은 후
이집트인들이 자신들의 교구장을 선출
(이집트 기독교도들은 자신들을
'콥트'라고 부름)

■ 저자약력

이문열

《동아일보》 신춘문예에 〈塞下曲〉이 당선되어 문단에 나옴
〈사람의 아들〉로 오늘의 작가상, 〈금시조〉로 동인문학상 수상
작품집으로,《칼레파 타 칼라》,《그대 다시는 고향에 가지 못하리》
《영웅시대》,《변경》,《선택》 등이 있음.

정양균
전남대학교 신문방송학과 졸업
현재《조선일보》 사진부 기자

나남산문선 · 33
이집트 문명탐험 ①

· 1997년 6월 25일 발행
· 1997년 7월 30일 2쇄

· 저 자 / 李文烈
· 발행인 / 趙相浩
· 발행처 / **나남출판**
· 등록일 / 1979년 5월 12일 (제 1-71호)
· 주 소 / (137-070) 서울 서초구 서초동 1364-39호 지훈빌딩 501호
· 전 화 / (02) 3473-8535(代)
· 팩 스 / (02) 3473-1711
· 은행지로번호 / 3005028

· ISBN 89-300-0833-X   값 8,500원

나남창작선 6

李文烈 장편소설
그대 다시는 고향에 가지 못하리

〈그대 다시는 고향에 가지 못하리〉는 悠長한 喪失의 아름다운 노래를 통하여 비로소 지금까지 잃어 버렸던 고향이 우리들의 마음 속에 영원히 살아있게 하는 힘을 발휘한다. 사람들은 흔히 삶을 덧없는 꿈과 같다고 한다. 그런데 이 작품을 읽노라면 불길같이 타오르는 꿈이 바로 삶인 것 같아 보인다. 金華榮〈문학평론가〉

이문열文學選
칼레파타칼라
개인과 자유를 향한 열망/작품론·성민엽

 나남   서울 서초구 서초동 1364-39 지훈빌딩 501호
TEL:3473-8535(~7) FAX:3473-1711

'토지'의 작가

박경리 대표 장편소설
김약국의 딸들

서점가의 조용한 파문!
지성 독자들의 베스트 셀러!

어머니를 만나기 전에 박경리를 만나 보십시오!

봉건도덕과 새로운 가치관 사이에서
갈등하는 한국 여인들의 한과 사랑의 삶!
불륜을 의심받아 자결해버린 어머니와
김약국 다섯 딸들에게 휘몰아치는 비극적인
사랑과 배신! 그리고 처절한 삶과 죽음.
영아살해 혐의로 경찰에 끌려간 과부 맏딸,
인텔리 신여성인 노처녀 둘째딸, 머슴과
비련의 사랑을 나누다 마침내는 미쳐버린
셋째딸…… 김약국의 딸들은 일평생을 한과
사랑의 질곡의 늪에서 몸부림쳤던 바로 우리
어머니, 내 누이들의 이야기인 것이다.

신국판 / 400쪽 / 6,500원

나남출판

서울시 서초구 서초동 1364-39 지훈빌딩 501호
TEL : 3473-8535(~7) FAX : 3473-1711

한수산 장편
먼 그날 같은 오늘

분노를 사랑으로 감싸는데 무려 13년의 세월이 흘러야만 했다

한수산이 갈갈이 찢긴 영혼으로 뱉어낸
詩보다 아름다운 고통의 메시지!
올가을,
가슴 벅찬 감동을 만끽하고 싶다면
대륙을 향해 화해와 용서를 싣고
달리는 밤기차에 동승해 보십시오!
영혼과 육신을 갈기갈기 찢는 고문과 고문……
작가는 분노를 사랑으로 감싸는데 13년이라는
세월을 보내야만 했다.
무엇이 죽음보다 끔찍한 고문을 이겨내게 했는가?
그 누가 사막 한가운데 장미꽃을 피게 했는가?
쓰레기 통에서 장미가 피어나는
비밀이 책 갈피갈피에 숨어있다.

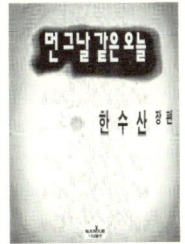

신국판 362쪽 값 5,500원

NANAM 나남출판 서울 서초구 서초동 1364-39 지훈빌딩 501호
TEL:3473-8535(~7) FAX:3473-1711

미셸 푸코 세기말의 프랑스 문명비평

감시와 처벌
감옥의 역사

오생근 (서울대·불문학) 교수 완역

인간을 처벌하고 감금하는
권력에 대한 서술,
도덕과 영혼의 계보학,
권력의 역사이자 권력에
대한 철학적 이론서!

감옥과 감시의 체제를 통한
지배권력의 정체와 전략을
파헤친다. 보이는 감옥이건 보이지
않는 감옥이건 지배권력의
가장 중요한 기구이자
장치인 감옥의 탄생은
군대·병원·공장·학교 등의
소단위 권력체제를 통해
지금도 확산되고 있다.

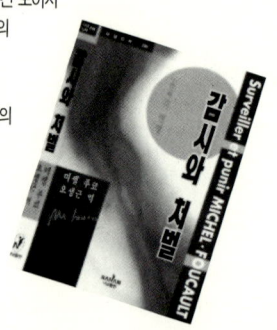

신국판 448면

性의 역사 1. 2. 3
이규현 外譯

제 ❶권 앎의 의지 제 ❷권 쾌락의 활용 제 ❸권 자기에의 배려

性은 권력의 표현에 다름아니다!

절제와 극기를 이 시대의 덕목으로는
상실해버린 우리에게 자기성찰의 기회를
부여해 주는 미셸푸코의 도덕 메시지!

양장본 1권 : 170면
2, 3권 : 270면 내외

NANAM 나남출판
NANAM Publishing House

서울 서초구 서초동 1364-39 지훈빌딩 501호
Tel · 3473-8535(~7) FAX : 3473-1711

한국최초의 완역판 전3권

헤겔미학 Ⅰ Ⅱ Ⅲ

❶ 美의 세계속으로　❷ 동양예술 서양예술의 대립과 종말　❸ 개별 예술들의 변증법적 발전

**이제, 미의 세계 속으로 삼투되기 시작하는
헤겔 특유의 저 도저한 변증법적 사유!**

헤겔을 다소 아는 사람은 그의 변증법적 사유가 모든 영역에
철저하게 삼투되어 있는 방식에 놀라움을 갖게 될 것이다.
그 이유는 변증법의 삼투가 강압적 분리나 거친 도식화가 아니라
진정한 현실인식으로서의 이중적 이해 속에서 이루어지기 때문이다.
우리는 그런 역동적 과정을 그의 미학에서 곧 보게 될 것이다.

두 행숙 옮김
G.W.F. Hegel

Vorlesungen über die Ästhetik

● 제 1 권 · 431쪽 · 값 13,000원
● 제 2 권 · 443쪽 · 값 14,000원
● 제 3 권 · 736쪽 · 값 18,000원

NANAM 나남출판
서초구 서초동 1364-39 지훈빌딩 501호
TEL : 3473-8535　FAX : 3473-1711

얇은 사 하이얀 고깔은 고이접어 나빌레라

조지훈 선생

눈을 감으면 떠오르는 한 줄의 시구로
기억되는 사람 당신은 정말 그를 알고 있습니까?
일제의 만행에 통분하다 피를 토하고 박정희 대통령을
비판하여 늘 가슴 한편에 사직서를 품고 다니던 사람-
그 사람, 지훈 조동탁을 얼마나 알고 있습니까?
오늘, 우리 시대의 마지막 선비 조지훈을 만나 보십시오.
그의 뜨거운 목소리에 귀를 기울여 보십시오.

조지훈 전집

한국 서정시의 계보를 잇는 대표적인 시인으로,
한국학의 토대를 깊이 있게 천착한 문화사학자로,
굽힘없는 지조를 실천한 우리 시대의 선비로
조지훈의 모든 것을 담은 전 9권

제1권: 詩 · 제2권: 詩의원리 · 제3권: 문학론 ·
제4권: 수필의미학 · 제5권 지조론 · 제6권: 한국민족운동사
제7권: 한국문화사서설 · 제8권: 한국학연구 · 제9권: 채근담

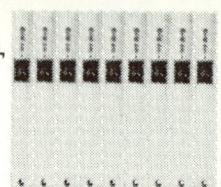

NANAM
나남출판

서울 서초구 서초동 1364-39 지훈빌딩 501호 TEL: 3473-8535 FAX: 3473-1711